FACULTÉ DE DROIT DE PARIS

DES DROITS DES COPROPRIÉTAIRES

SUR LA CHOSE COMMUNE PENDANT L'INDIVISION

EN DROIT ROMAIN

DU MÉTAYAGE

ÉTUDE DANS SON HISTOIRE ET SES ÉLÉMENTS JURIDIQUES

D'APRÈS SA PRATIQUE DANS LE CRAONNAIS

EN DROIT FRANÇAIS

THÈSE POUR LE DOCTORAT

L'ACTE PUBLIC SUR LES MATIÈRES CI-APRÈS SERA SOUTENU

Le mercredi 17 décembre 1890, à 1 heure 1/2

PAR

Isidore PASQUIER

Avocat à la Cour d'appel d'Angers

ANGERS

IMPRIMERIE LACHÈSE ET DOLBEAU

rue Chaussée-Saint-Pierre

1890

FACULTÉ DE DROIT DE PARIS

DES DROITS DES COPROPRIÉTAIRES

SUR LA CHOSE COMMUNE PENDANT L'INDIVISION

EN DROIT ROMAIN

DU MÉTAYAGE

ÉTUDIÉ DANS SON HISTOIRE ET SES ÉLÉMENTS JURIDIQUES

D'APRÈS SA PRATIQUE DANS LE CRAONNAIS

EN DROIT FRANÇAIS

THÈSE POUR LE DOCTORAT

L'ACTE PUBLIC SUR LES MATIÈRES CI-APRÈS SERA SOUTENU

Le mercredi 17 décembre 1890, à 1 heure 1/2

PAR

ISIDORE PASQUIER

Avocat à la Cour d'appel d'Angers

PRÉSIDENT : M. HENRY MICHEL.

SUFFRAGANTS : MM. GLASSON, DUCROCQ, Professeurs. LE POITTEVIN, Agrégé.

ANGERS

IMPRIMERIE LACHÈSE ET DOLBEAU

4, rue Chaussée-Saint-Pierre, 4

1890

La Faculté n'entend donner aucune approbation ni improbation aux opinions émises dans les thèses : ces opinions doivent être considérées comme propres à leurs auteurs.

POUR DIEU

DROIT ROMAIN

Des droits du copropriétaire sur la chose commune pendant l'indivision

INTRODUCTION

Le droit de copropriété n'est pas une étape dans l'histoire de la transformation de la propriété collective en propriété individuelle. C'est moins encore une forme du communisme proprement dit. La notion de copropriété suppose le droit de propriété indiscuté et défini sous tous ses aspects : elle en est une des applications dérivées qui résiste le plus à l'analyse juridique.

L'objet de ce travail est étranger à l'étude des évolutions sociales qui, des droits étendus de la gens, de la tribu et de la famille, ont fait jaillir le droit exclusif du *pater familias* sur tous les biens composant son patrimoine. Nous n'en devons pas moins établir la démarcation précise entre la nature de la communauté agraire primitive et celle du droit de copropriété, et fixer les différences entre les droits des communistes et ceux des copropriétaires. Il ne nous sera loisible d'aborder le fond du sujet que lorsque nous pourrons nous placer en face du droit exclusif du chef de famille reconnu et protégé par la loi. De ce jour le droit de propriété individualisé perdit progressivement son caractère de patrimoine commun à un groupe de personnes ; de ce jour, le droit de propriété sur une même chose put appartenir à deux *patres familias* : la copropriété put exister.

I. — Origine du droit de copropriété

La distinction préliminaire et fondamentale entre le communisme et l'état de copropriété nous force, avant d'apporter une définition, d'assister chez un peuple à l'éclosion du principe de la propriété individuelle, et d'énoncer, sans les confondre, les différentes manifestations aboutissant à la division des droits portant sur un fonds impartagé.

« A mesure que l'homme se développe, a dit « M. Thiers[1], il devient plus attaché à ce qu'il possède, « plus propriétaire, en un mot. A l'état barbare, il l'est « à peine ; à l'état civilisé, il l'est avec passion. » M. Glasson signale une application de cette loi. « On a,

[1] M. Thiers, *De la propriété.*

« dit-il[1], pour ce qui concerne la terre, très générale-
« ment observé le fait suivant : elle reste commune « tant qu'elle n'a pas acquis par le travail de l'homme « une valeur sérieuse : elle est soumise à la propriété « privée dès que cette valeur apparaît. »

Si sur ce point nous nous reportons aux travaux de M. Le Play[2], nous constatons que le communisme prend place dans la « *famille patriarcale* ». La copropriété apparaîtra sous le régime familial que le même auteur désigne du nom de « *famille instable* ». Le premier état est engendré par la « *famille associée dans l'indivision*[3] », le second naît de « *l'excès d'individualisme* ». Nous n'avons point à prendre parti entre ces auteurs et à nous prononcer sur la supériorité de l'état de communauté familiale ou d'appropriation privée ; il nous suffira de montrer que la copropriété dérive de l'appropriation privée et que ses sources ne résident point dans la copropriété primitive du sol.

A l'état barbare, les droits mal définis sur des objets insuffisamment déterminés sont confondus sur un groupe d'individus, sans qu'aucune proportion fixe la part afférente à chaque membre de l'association : c'est le communisme. M. Letourneau[4] fait remarquer dans les termes suivants cet état de la propriété foncière primitive en Grèce : « A l'origine, il exista en Grèce des « clans dont chacun avait en commun le culte, le lieu

[1] M. Glasson, *Observations sur la propriété et la famille chez les Germains.*

[2] Le Play, *L'organisation de la famille.*

[3] H. Summer-Maine, *Histoire des institutions primitives.*

[4] M. Letourneau, *L'évolution de la propriété.*

« de la sépulture, l'obligation de la vendetta... Le com-
« munisme était de tradition. »

A l'état civilisé, le droit se conçoit distinct de la personne et de l'objet qui eux-mêmes ne se confondent plus. Quelle que soit la nature de l'objet et les caractères de la personne, le droit peut être scindé en parts aliquotes sans qu'aucun partage intervienne; chaque fraction de droit est assignée à chaque titulaire et reçoit des limites idéales, mais certaines : c'est la copropriété.

Il importe, on le voit, de ne point confondre ces deux situations qui, distinctes dans leurs origines, se séparent plus encore dans leurs effets et n'offrent d'analogie qu'en ce qu'elles engendrent au profit de plusieurs personnes la division d'un droit portant sur un objet qui reste intègre.

Le caractère collectif n'est point contesté à la propriété quiritaire immobilière aux premiers temps de Rome. Ce droit primordial était le fruit de la conquête. C'est ce qu'affirme Cicéron[1] par ces mots : « *Quid mitylenæ? Quæ certæ vestræ, quirites, belli jure ac victoriæ* « *jure sunt.* » C'est aussi ce qui ressort des termes plus précis de Gaius[2] : « *Festucâ autem utebantur quasi hastæ* « *loco, signo quodam justi dominii quia maxime sua esse* « *credebant, quæ ex hostibus cepissent.* » Ces biens conquis sur l'ennemi furent d'abord la propriété de l'armée personnifiée dans ses chefs. Ceux-ci devinrent l'état primitif et ils durent procéder au partage des terres entre leurs anciens soldats, devenus leurs concitoyens. Tel

[1] Cicéron, *Loi agraire*, II, 16.
[2] Gaius, *Comment.*, IV, parag. 16.

fut le rôle de Romulus divisant en trois parts le territoire de Rome *(ager romanus)*, à charge pour les tribus de le répartir ensuite entre les curies.

Les cités procédèrent à d'égales répartitions entre les tribus. On peut croire que dans les tribus la subdivision dut s'opérer entre les *gentes* et les *familiæ*. Une expression des textes en matière de succession nous en fournit la preuve : formulant le droit successoral des membres de la gens *(gentiles)* en cas d'extinction de la famille agnatique, la loi romaine dit : *bona redeunt*.

Quoi qu'il en soit, ces distributions successives ne constitutent que la propriété collective. Avec l'établissement sur des bases solides des pouvoirs sociaux, les Romains devaient arriver promptement à la propriété individuelle. A cette propriété, « qui peut-être n'était « autre chose que la communauté absolue, dit M. Acca- « rias [1], Romulus substitua une communauté restreinte. « Puis vint Numa qui répartit le sol également entre les « citoyens, et dès lors la propriété véritable, la pro- « priété individuelle exista ». L'État cessa ses libéralités ; il vendit le butin au plus offrant, aux enchères. Cette vente publique par le questeur devait s'opérer par une revendication feinte de la part de l'acheteur, dans laquelle Aulu-Gelle voit l'origine du mot : « *mancipia.* »

Ces divisions et attributions faites, la propriété individuelle reconnue, comment revint-on à ce que les Romains appellent plus spécialement la « *communio* » et que les commentateurs ont parfois désigné sous le nom de « *condominium* », c'est-à-dire aux droits coexistants

[1] Accarias, *Précis de droit romain*, t. I. parag. 203.

de deux ou plusieurs personnes sur un même bien ? A coup sûr, ce retour d'un état simple à un état complexe, ce pas en arrière ne se fit pas le jour où naquit la propriété individuelle. Il est présumable que la propriété resta d'abord pleine et sans entraves aux mains du soldat ou du citoyen qui l'eut en partage. On pense même que ces terres concédées gratuitement furent frappées d'une inaliénabilité qui ne cessa que lorsque, devenues plus rares, elles furent cédées au plus offrant.

En Grèce, M. Letourneau[1] affirme cette inaliénabilité générale des pâturages communs entre familles. « Partout, dit-il, il fut dans le principe rigoureusement « interdit de vendre le sol ; c'était une impiété ; c'en « était une aussi d'acheter la terre. »

En dehors des affinités des deux peuples, le caractère des « *agri limitati* » à Rome laisse croire à l'existence de lois analogues. Les champs, qui passaient du domaine public dans le domaine privé par distribution ou assignation aux colons, étaient géométriquement limités par cérémonie religieuse. A la suite de cette délimitation on dressait une « *forma agrorum* » qui faisait foi entre les particuliers à la différence de notre cadastre qui n'a de valeur qu'au point de vue public. La délimitation était faite à l'aide de bornes *(terminus)* qui étaient sacrées et qu'on ne pouvait violer sans devenir « *sacer* ». Ce caractère religieux de la propriété et de ses limites en faisait un droit inséparable de la famille qui en était investie dans la personne de son chef.

Néanmoins, ce que la religion avait fait, la religion

[1] Letourneau, *op. cit.*

pouvait le défaire, mais elle le pouvait seule [1]. L'autorité religieuse, inséparable à Rome de l'autorité civile, dut de bonne heure sous les nécessités sociales prêter ses rites à l'aliénation des terres. Les pontifes ou augures, « experts savants du droit divin », dit Mommsen [2], présidaient à ces actes, non comme intermédiaires entre le citoyen romain et le dieu invoqué, mais plutôt comme commentateurs des réponses données par la divinité aux aspirations humaines. Ils sont le témoin obligé des actes humains qui tendent à modifier l'état créé ou consacré par la divinité. Le déplacement du droit de propriété des *res mancipi* est acte si grave chez le peuple primitif de Rome, qu'il veut être fait sous l'auspice des dieux et avec leur permission. Le pontife qui préside à cet acte solennel affirme qu'il agrée aux dieux.

Les suppliques adressées à la divinité diffèrent peu dans la forme des contrats usuels entre citoyens. « Le « contrat avec les dieux, dit le même historien alle- « mand, est affaire de spéculation : les vœux, dans leur « esprit et dans leur lettre, sont un contrat formel entre « les deux parties. L'homme y assure au dieu certaines « prestations en échange des prestations divines. »

Ces données historiques permettent de croire que ces cérémonies religieuses, seuls modes primitifs d'aliénation du droit romain parmi lesquels nombre d'auteurs rangent la *mancipatio*, durent être fort rares en tant que dérogatoires au principe de l'inaliénabilité. Cette fixité du sol entre les mêmes mains se concilie avec

[1] Fustel de Coulanges, *Cité antique*, Le droit de propriété.
[2] Mommsen, *Histoire romaine*, t. I, Religion.

l'état de communisme des terres ; la copropriété entre citoyens romains n'a pu naître que par les échanges et concessions libres qui seules pouvaient engendrer la division d'un droit sur un objet restant intègre.

Il est tout au moins un fait acquis : rien dans l'histoire de la transformation de la propriété collective en propriété individuelle ne peut être assimilé au droit de copropriété dont nous entreprenons d'étudier l'un des aspects ; de plus la copropriété n'est pas née à Rome de la communauté primitive des terres. M. Accarias [1] énumérant les causes qui lui donnent naissance ne suppose pas qu'elle ait pu naître de la répartition des terres entre les groupes de citoyen. « Cette situation, « dit-il, résulte soit de la volonté même des copropriétaires actuels, soit de la volonté d'un ancien propriétaire, soit même du fait d'un tiers, du hasard ou de la « loi. »

S'il nous fallait énumérer les sources de la copropriété à Rome, nous constaterions, tant dans les textes que dans les nombreux commentaires du droit romain, que l'état de copropriété n'a pu apparaître que sous une législation sortie de l'enfance, qu'elle n'est que le résultat d'opérations juridiques qui supposent à leur base le droit de propriété individuelle reconnu et sanctionné, que ces opérations peuvent être pour la plupart renouvelées par chacun des copropriétaires pendant l'indivision, — tandis qu'au contraire sous la loi du communisme proprement dit, né de causes différentes, l'exercice de ces mêmes actes par chacun des membres

[1] Accarias, *Ibidem*, t. I, parag. 201.

de la communauté ne saurait trouver place que sous des réserves importantes et des caractères bien différents.

Nous n'en voulons pour exemple que les quelques actes juridiques cités par Donau comme les principales sources de la copropriété, tous actes dont la pratique usuelle ne se concilie qu'avec une législation bien assise et les droits fondamentaux bien définis : « *Si qui casu* « *in communionem inciderint, hæc non est societas ; veluti,* « *si duobus eadem res legata sit ; si duo pluresve heredes* « *facti, inter quos res hereditariæ sunt communes ipso* « *jure ; si res a duobus simul empta simpliciter, etc.* [1] »

II. — Objet du droit de copropriété

Pour arriver à la conception précise du droit de copropriété, il nous faut tout d'abord écarter l'état de ces biens qui, tant en raison de leur nature que des services qu'il sont appelés à rendre à la société même et surtout sous une législation raffinée, appartiennent à des groupes de personnes considérés par une fiction juridique comme des individualités. Il nous faut, laissant de côté les choses communes qui se dérobent à toute appropriation privée par leur essence (eau, air, etc.), rejeter tout ce qui fait partie du patrimoine de l'état et des villes et qui formait à Rome la chose publique *(res publicæ)* ; tels sont les fleuves, les ports, les routes d'utilité générale *(viæ consulares vel pretoriæ)* ou le patrimoine d'une université *(res universitatis)* qui comprend

[1] Donelli, *Commentarii*, cap. XV.

les voies à l'usage des membres de la cité (*viæ vicinales*), les théâtres, etc.

Ce n'est pas à dire que certains de ces objets, les *res universitatis* par exemple, dont le propriétaire est une personne morale, ne puissent tomber en copropriété. Il est facilement concevable que deux droits indivis au profit de deux cités voisines portent sur la même *via vicinalis*.

Entre particuliers même, des rapports peuvent s'établir qui, relativement aux chemins dont l'usage est commun, les *viæ agrariæ* par exemple, offriront plus ou moins d'analogie avec l'état de copropriété ou constitueront un véritable droit de cette nature. On peut remarquer avec Serrigny [1] commentant la loi 2, parag. 21, au Digeste, lib. XLIII, tit. VIII, que la servitude de passage sur un chemin appartenant à autrui créé une situation qui n'offre guère, que dans les termes, de différence avec l'état de copropriété du chemin.

Il se peut, ajoute le même auteur en se fondant sur le paragraphe 23 de la même loi « que plusieurs pro-« priétaires aient sur leur propre terrain un chemin de « ce genre (*viæ agrariæ privatæ*). Siculus Flacus appelle « ces chemins *viæ communes* quand ils appartiennent à « plusieurs copropriétaires : ce qui correspond à nos « chemins de desserte qui appartiennent à une collec-« tion d'intéressés et non à une commune en corps, *ut* « *universitas*. » Les *viæ privatæ* peuvent donc faire l'objet d'un véritable droit de copropriété.

[1] Serrigny, *Droit public et administratif romain*, t. 1.

Mais ces hypothèses complexes devront être écartées pour la clarté de la discussion. Mieux vaut laisser de côté ces biens dont la propriété n'est en réalité individuelle qu'en raison d'une fiction juridique, s'en tenir à l'étude des *res singulorum*, et parmi ces dernières éloigner celles qui forment le patrimoine d'une personne morale (cité, église ou société), ou qui en raison des caractères particuliers de l'objet sont soustraites aux règles de droit commun en matière de copropriété. Il importe surtout d'écarter comme soumises à un régime différent de celui que nous entendons par droit de copropriété, les terres communes à des collections d'individus, plus spécialement les pâturages (*compascua*) dont l'usage est abandonné aux populations environnantes (*vicini*).

Il n'est point de peuples, quelque prix qu'ils attachent à la propriété privée, qui, à leur origine, n'aient connu la propriété commune du sol, puisque même à l'époque de densité extrême de la population sur certains points de leur territoire, il en reste des vestiges. En France, après l'évolution économique de ce siècle, qui a développé outre mesure l'esprit d'individualisme et par suite le culte de la propriété personnelle, les terrains appartenant à des titres variables à des groupes d'individus, des communautés d'habitants, voire à des ensembles de communes, ne sont point introuvables. Le Play [1] et L. de Lavergne [2] en ont signalé la survivance au milieu de ce siècle. « La jouissance en commun du sol,

[1] Le Play, *L'organisation de la famille*, ch. I.
[2] Léonce de Lavergne, *L'agriculture et la population.*

« dit ce dernier, n'a rien de particulier à la race turque « ou slave : elle se retrouve à toutes les origines de « la société occidentale, comme de la société orientale. « Nous avions en France autrefois, nous avons même « encore, sur beaucoup de points, de vastes étendues « de terres communes, etc..... » Ces biens étaient soumis au régime de la vaine pâture ; on a tenté d'effacer le mot (loi du 9 juillet 1889, tit. II, du *Code rural,* modifiée par la loi du 22 juin 1890) ; la chose paraît ineffaçable sur plusieurs points du territoire relativement à certains fonds pour lesquels la jouissance en commun aboutit à des résultats incontestablement plus féconds que toute appropriation privée [1].

Le droit romain de l'époque classique se tait sur cette importante question. Au titre « *de servitutibus prædiorum rusticorum* » le partage des droits réels sur un fonds n'est envisagé que comme résultant de la constitution d'une servitude ou de la création d'un droit de copropriété proprement dit, et les mots : « *communia prædiorum tam urbanorum quam rusticorum* » sous lesquels se rangent les dispositions du titre suivant ne prévoient que des hypothèses d'indivision restreinte dans le sens que nous donnerons à ces mots.

Il serait pourtant téméraire de nier l'existence de toute communauté de biens dans la campagne romaine. Les négations posées sur ce point par M. Fustel de Coulanges [2] sont, pensons-nous, d'une invraisemblance ma-

[1] *Journal de l'Agriculture,* H. de Lapparent, Voyage dans les hauts pâturages des Pyrénées, n^{os} des 3 et 28 mai, 4 et 11 juin 1890.
[2] Fustel de Coulanges, *L'alleu et le domaine rural,* p. 8.

nifeste : elles se heurtent à la loi historique que nous avons précédemment évoquée. De plus elles sont contredites par certains textes, notamment d'Hyginus et de Frontin sur lesquels M. Glasson[1] a pu établir l'existence en droit romain de biens soumis au régime de la communauté sous le nom de *agri communes*, *communia*, *communiones*, *compascua*. M. Glasson définit lui-même ces termes : « En réalité une terre est commune « lorsqu'elle se trouve à la disposition des habi- « tants de la contrée où elle est située, et en ce sens « les *communia*, dont parlent les auteurs latins, étaient « bien des terres communes. » L'objet du droit de copropriété par le fait qu'il a été soumis à une appropriation privée, intellectuellement divisée en parts aliquotes à l'encontre de l'objet de la jouissance commune sur lequel le droit de chaçun des communistes demeure confondu, indéfini, et non susceptible de parts même idéales, ne saurait se concevoir comme étant à la disposition des habitants d'une contrée. Les *communia*, dont parlent ces textes, ne sont point l'objet véritable du droit de copropriété tel que nous l'envisageons. Inutile d'insister sur la nature différente de ces deux droits dont les effets sont non moins différents. Mais il importe dès maintement, pour dissiper toute équivoque, d'établir avec précision les sens variables du mot « *communia* » que ramène chaque page de cette étude.

Nous écartons d'abord le sens donné à ce mot aux

[1] M. Glasson, *Les communaux et le domaine rural à l'époque Franque*, p. 142.

Institutes (liv. II, tit. 1, parag. 1), où l'on entend les choses dont la jouissance est inépuisable et profite à tous indistinctement, telles que l'air, l'eau courante, etc. Le deuxième sens du mot *communia* paraît être resté étranger aux jurisconsultes romains : il vise le cas où la jouissance en commun de certains fonds est réalisée par les habitants groupés d'une contrée entière. Ces biens (*agri communes* ou *compascua*) et le régime auquel ils sont soumis doivent nous rester étrangers. Enfin presque tous les textes du droit romain entendent par *communia* les biens indivis entre deux ou plusieurs personnes déterminées ayant sur la chose un droit fixé en parts aliquotes : un demi, un tiers, un sixième, etc. C'est là le régime de copropriété proprement dit dont nous étudions l'un des aspects.

Enfin la théorie du mur mitoyen à Rome offre quelques particularités qui se dérobent aux règles générales de la copropriété en restreignant ou étendant les droits du copropriétaire. La reconstruction des maisons indivises à Rome et l'ensevelissement des morts dans un terrain commun semblent également avoir inspiré des dispositions originales. L'étude de ces lois spéciales ne s'imposera qu'autant qu'elle servira à dégager le terrain du droit commun en notre matière.

III. — Nature du droit de copropriété

Abstraction faite de l'objet de ce droit et des personnes qui y participeront, il semble qu'il soit impossible d'en apporter une définition précise. Législateurs et commentateurs s'accordent pour en fixer la portée et en circonscrire l'étendue dans des formules vagues ou incomplètes. Au Digeste, les textes sont nombreux qui règlent les rapports des copropriétaires entre eux. Rares sont ceux qui formulent en termes généraux la situation créée par l'état de copropriété. La loi 5, parag. 15, D., liv. XIII, tit. VI, établit la différence entre la propriété afférente à deux personnes de deux parties divises d'une même chose et le droit partiel et indivis de deux personnes sur la totalité d'un objet : « *Et ait,* « *duorum quidem in solidum dominium, vel possessionem* « *esse non posse, nec quemquam partis corporis dominum* « *esse : sed totius corporis pro indiviso pro parte dominium* « *habere.* »

Un autre texte (Frag. 66, parag. 2, D., liv. XXXI, tit. I) nous apprend que ce droit « *pro indiviso pro parte* » existe au profit de chaque copropriétaire pour des parts abstraites, concevables seulement par l'intelligence, et non pour des parts corporelles. « *neque* « *plures in uno fundo dominium juris intellectu, non divi-* « *sione rerum obtinent.* » Ce sont ces différentes idées que M. Accarias a tenté de grouper pour faire ressortir dans une formule les principaux effets de la copropriété. Il y a copropriété ou indivision (*communio*), dit-il presque textuellement, lorsque une seule et même chose appartenant à deux ou plusieurs personnes à la fois, aucune de ces personnes ne pouvant avoir un droit entier et exclusif, chacune d'elles a sur chaque molécule un droit limité par le droit égal des autres, et entre elles toutes, elles ont exactement le droit qu'aurait un propriétaire unique.

L'étude des rapports que crée l'état de copropriété

entre les différents titulaires du même droit sur une même chose et la comparaison qui s'imposera entre l'étendue des droits du copropriétaire et du plein propriétaire aideront à concevoir plus clairement la nature du droit qui est la base de ce travail.

De ce que la copropriété n'est qu'une forme dérivée de la propriété, pour analyser les droits du copropriétaire il faut retracer à grands traits les droits du propriétaire sur sa chose au début de chaque question qui se présente la même, quoique avec des conséquences différentes. Pas de meilleur canevas donc que l'étude préliminaire parallèle du droit de propriété. Sur chacun des droits qui en découlent, nous n'aurons qu'à étudier les restrictions apportées par l'existence de deux droits sur une même chose au lieu d'un.

D'où la division qui s'impose nous est fournie par la définition analytique du droit de propriété : *jus utendi, fruendi et abutendi.*

Un très petit nombre de droits se rattachant à l'*usus* proprement dit, et ces droits n'étant d'ailleurs qu'un procédé différent d'exercer le *jus fruendi*, nous croyons pouvoir réunir dans une même partie l'étude de ces deux modes de jouissance.

PREMIÈRE PARTIE

ACTES D'USAGE ET DE JOUISSANCE (JUS UTENDI-FRUENDI)

CHAPITRE PREMIER

Possession

La possession est l'exercice du droit de propriété. L'exercice entre les mêmes mains que le droit étant le fait normal et usuel, la possession est l'indice de la propriété parce qu'elle en est la conséquence naturelle.

Cet état normal sera-t-il modifié par l'état de copropriété ? La copropriété qui est un droit ou plutôt un faisceau de droits partiels est susceptible, comme la propriété, de possession ou d'exercice. Ce n'est pas à dire que la possession, dans ce cas, ne sera pas soumise à des règles particulières et n'aura pas des conséquences différentes.

La possession subira-t-elle le même partage que le

droit lui-même? La réponse à cette question ressort de la définition de la possession et de ses différences avec la propriété. La propriété est purement et simplement un droit, une abstraction, et comme telle susceptible de divisions idéales. La possession est un état complexe. Les deux éléments qui la constituent sont l'un matériel, le *corpus*, l'autre intellectuel, l'*animus*. L'*animus*, qui n'est que la conception de son droit ou de ce que l'on considère comme tel, est comme lui susceptible de ne porter que sur une part abstraite de la chose. Le *corpus*, au contraire, élément matériel, ne se conçoit pas portant sur une part indivise de l'objet. Quel est le résultat de cette différence entre les deux éléments constitutifs de la possession?

1° *Animus*. — L'*animus* n'étant qu'une pure conception de l'esprit, pourra toujours subir les mêmes modifications que le droit lui-même. Il suffit que l'esprit puisse concevoir la division du droit, pour que l'*animus domini* ne porte que sur la part intellectuellement déterminée. D'où il suit que dans cet ordre d'idée l'*animus* n'apportera jamais une restriction au libre exercice du droit de copropriété. Eu égard, par exemple, à la prescription acquisitive, il faut et il suffit que les deux détenteurs aient l'*animus domini* chacun pour moitié : ils prescriront l'objet dans sa totalité à eux deux à condition, bien entendu, qu'ils satisfassent aux autres lois de la prescription.

Il faut donc que le copropriétaire sache exactement sur quoi porte son droit, mais il suffit que ce droit soit déterminé par une proportion quelconque : un tiers, un quart... Le fragment 26, D., liv. XLI, t. II, prouve clairement qu'une partie indivise peut faire l'objet de la possession, base de la prescription acquisitive, tout aussi bien qu'une partie divise, pourvu qu'elle porte sur une part certaine. « *Locus certus ex fundo et possi-* « *deri et per longam possessionem capi potest : et certa* « *pars pro indiviso, quæ introducitur vel ex emptione, vel* « *ex donatione, vel quâlibet aliâ ex causâ.* »

2° *Corpus.* — Le *corpus*, c'est le fait de détenir la chose par ses propres mains ou par les mains d'un tiers à qui elle a été confiée. Il semble au premier aspect que cette appréhension matérielle de l'objet, appréhension qui se manifestera le plus souvent par les différents usages auxquels se prête la chose, soit peu conciliable avec l'idée d'une possession commune. Bien des objets, susceptibles de copropriété, se refusent à un usage partagé. Cet usage, dans bien des cas, ne pourra être que successif. De là naîtront entre les copropriétaires des rapports qui semblent devoir modifier la nature de la possession.

Il est certain qu'il est bien difficile de concevoir cette détention matérielle de tous les copropriétaires proportionnelle au droit lui-même sans partage. Car, à coup sûr, le fait pour trois copropriétaires d'une maison à trois étages d'habiter chacun un étage ne serait pas l'exercice complet du droit de chacun, qui est de posséder le tiers de chaque parcelle de la maison. Ce serait un arrangement entre copropriétaires, utile en fait pour la jouissance commune, mais qui ne réaliserait pas le droit de chacun sur cette chose.

Toutefois, les faits impliquant la possession peuvent ne pas être proportionnels à l'étendue du droit de chacun des copropriétaires. Le *corpus* n'a pas besoin pour durer de la répétition ou de la permanence des éléments qui le constituent. L'acte d'appropriation *pro parte indivisâ*, ayant eu lieu le jour de la naissance du droit au profit du copropriétaire, pour maintenir en l'état le possesseur, ne devra être renouvelé qu'en face de la prétention d'un tiers à exercer un acte de possession sur le même objet et en son nom propre.

Le *corpus* ne se confond en rien avec la jouissance ; il n'est pas davantage la détention qui peut se trouver en des mains étrangères. Il n'en est pas moins vrai que l'adaptation du fait, constitutif du *corpus*, au droit de copropriété se conçoit entre plusieurs copropriétaires à l'égard de certains objets qui paraissent d'ailleurs peu nombreux. La loi 5, parag. 15, D., liv. XIII, tit. VI, où nous avons déjà cherché, sinon la définition du droit de copropriété, du moins la détermination de ses caractères essentiels, nous signale, à titre d'exceptions, certains objets, dont l'usage, l'une des manifestations extérieures et visibles du *corpus*, se plie au partage des droits multiples sur la chose. Nous reviendrons sur ce texte qui contient en substance toute la théorie du droit de copropriété. Qu'il nous suffise de saisir au passage les exemples qu'il nous donne des hypothèses où le *corpus* de l'un, sans effacer la vision claire du *corpus* de l'autre dans le temps et dans le lieu, porte pour partie déterminée sur la totalité de la chose. C'est, dit-il, l'usage d'un bain, d'un portique ou d'un terrain vague, sur lesquelles le fait de l'un des copropriétaires ne met en rien obstacle au fait de l'autre et sur lesquels l'exercice de chacun d'eux s'opère « *in solidum* ».

Ce sont là des objets de nature particulière. Dans la généralité des cas, l'élément matériel de la possession ne saurait, aux mains de chacun des copropriétaires, avoir une étendue adéquate au droit lui-même. Il n'est pas douteux que dans le droit primitif, le *corpus* ait été entendu comme la détention matérielle et continue de l'objet, mais il faut reconnaître que cette conception formaliste avait disparu à l'époque classique. A défaut de cette occupation réelle qui, à part les hypothèses mentionnées dans le paragraphe d'Ulpien, auquel nous venons de faire allusion, ne peut être attribuée à chacun des copropriétaires dans la proportion de son droit indivis, les Romains en arrivèrent à comprendre qu'un acte symbolique pouvait suppléer au fait matériel, le plus souvent incapable de représenter le droit lui-même.

Le *corpus* résultera d'une tradition feinte; cette fiction se pliera à toutes les conceptions de l'esprit, et le *corpus* lui-même subira toutes les modifications que les parties auront entendu lui donner par l'accomplissement et les modes de l'acte fictif qui le constitue.

Le *corpus* n'est que la manifestation extérieure, le signe de l'*animus;* d'où l'acte dont il résulte, quel qu'il soit, vaut et n'a de signification que dans la mesure de cet *animus*. Or, nous avons vu que l'*animus* est, par son essence même, susceptible de divisions idéales, le *corpus* qui le représente participe donc de ce caractère.

Cette interprétation du caractère du *corpus* s'appuie sur le fragment 1, parag. 21, D., liv. XLI, tit. II, qui pose le principe : « *Non est enim corpore et actu necesse apprehendere possessionem, sed etiam affectu et oculis.* »

Un autre texte formule l'exemple classique de la remise des clefs comme constituant prise de possession. Pour deux copropriétaires, le fait de posséder chacun une clef de l'immeuble commun sera le *corpus* manifestant extérieurement la possession et la preuve que le *corpus* participera de la divisibilité intellectuelle de l'*animus*, c'est que le fait qui le constitue sera exactement le même dans le cas où les deux porteurs des clefs seront copropriétaires de l'immeuble par moitié, ou au contraire l'un pour deux tiers, l'autre pour un tiers. Le fait constitutif de la possession n'a lui-même qu'une valeur symbolique : celui qui est propriétaire pour les deux tiers n'aura entre les mains qu'un signe de tous points identique à celui qui ne sera propriétaire que pour un tiers, et pour ne point abandonner l'image du texte, l'un et l'autre n'auront qu'une clef entre les mains, bien qu'ils soient copropriétaires pour des parts inégales.

A cet exemple facilement saisissable des textes, nous pouvons joindre l'hypothèse non moins vraisemblable où l'objet sur lequel porte le droit indivis aux mains de plusieurs est détenu *nomine alieno* à titre de commodat ou de dépôt. Nous supposons que chacun des copropriétaires a consenti au contrat dans la mesure de son droit. La passation de l'acte constitue pour chacun d'eux le *corpus*, et il n'est pas douteux que l'élément matériel, la présence au contrat, ne saurait avoir d'existence et de limites que par l'adhésion de la volonté qui n'est autre que l'*animus* de la possession.

Ne faut-il point aller jusqu'à dire que l'acte apparent, élément matériel de la possession, accompli par un seul des copropriétaires, suffira pour conserver ou réintégrer le droit de tous les copropriétaires? Hoffmann fait remarquer que l'usage d'une servitude par un seul des copropriétaires la conserve au profit de tous : « *Idem est* « *in fundo communi in quo servitus ab uno exercita alteri* « *quoque prodest*[1]. »

En ce qui concerne les servitudes prédiales, il n'est point contestable que l'acte de l'un des copropriétaires puisse profiter aux autres. La loi 4, parag. 3, D., liv. VIII, t. V, suppose que par la confessoire un copropriétaire prétend à un droit de passage sur le fonds voisin : s'il obtient gain de cause, ses copropriétaires feront à leur tour valoir leur droit. Si la condamnation a été pécuniaire, chacun devra successivement réclamer sa part reconnue par l'effet du jugement, car le montant de la condamnation n'aura eu pour mesure que l'intérêt personnel du demandeur. Mais si le défendeur vaincu satisfait à l'*arbitrium* du juge qui lui enjoint de laisser passer sur son fonds chacun des copropriétaires, la victoire de l'un d'eux profitera aux autres, en ce sens que la servitude, une fois prouvée au profit du fonds indivis, sera établie au bénéfice de tous.

Serait-ce donc une règle générale que toute condamnation au profit de l'un des copropriétaires à l'égard du fonds commun profite *ipso jure* à tous les copropriétaires? Le texte cité lui-même ne saurait le laisser

[1] Aug. Hoffmann, *De jure rerum individuarum tractatio methodica*, aph. VII, sectio secunda.

croire. Si le possesseur du fonds grevé ne peut ou ne veut obtempérer au *jussum* du juge, la demande du copropriétaire agissant seul se restreint à son intérêt personnel, c'est-à-dire à la moitié ou au tiers de la valeur de la servitude selon qu'il a un ou deux copropriétaires.

L'effet de la cause jugée à l'égard des copropriétaires n'ayant pas agi se borne à cette solution qui veut être absolue : la servitude de passage existe ou n'existe pas au profit de tel fonds. Voilà toute la portée exceptionnelle des mots du texte : « *Victoria et aliis proderit.* » L'acte de l'un des copropriétaires aboutissant à maintenir ou à réintégrer ses copropriétaires en possession n'est donc relatif qu'aux servitudes prédiales, et cet effet est dû à leur indivisibilité.

Le principe reste que tout acte, qui tend à conserver ou à faire rentrer la possession aux mains de chacun des copropriétaires, veut être strictement personnel, et que l'action intentée dans ce but n'a d'effet que dans la mesure de l'intérêt de celui qui agit. La nature de l'objet en matière de servitudes prédiales commande seule une dérogation à la loi générale qu'il faut appliquer entre copropriétaires : « *res inter alios acta aliis* « *neque prodesse, neque nocere potest.* »

A l'encontre des servitudes prédiales, les servitudes personnelles consenties au profit de plusieurs personnes se conçoivent à tel point liées aux qualités de chacune des personnes, que l'indivision en pareille matière est soumise à des règles particulières qui ne peuvent être déterminées qu'en comparant le co-usufruit à la copropriété.

Bien loin de subir une dérogation en cas de copropriété, la règle générale rappelée sur l'effet de la chose jugée ressort plus clairement encore en notre matière. L'action en revendication tend à faire rentrer en possession de l'objet du droit de propriété le titulaire dépossédé. L'état normal est que chaque copropriétaire soit possesseur *pro parte suâ,* et si tous viennent à être dépossédés, ils agiront par l'action en revendication, mais ils devront agir tous, et chacun pour la part de droit qu'il a dans la chose. Et si l'un d'eux prenant les devants a triomphé dans la preuve de son droit partiel sur la chose, cette victoire purement personnelle ne facilitera en rien la tâche des autres, qui devront à leur tour intenter la même action, prouver leur propre droit, distinct du droit des autres, et formuler dans l'*intentio* une prétention qui sera différente ou analogue, mais qui ne sera jamais identique.

L'objet indivis peut-être en possession d'un tiers qui n'a aucun droit sur lui : les principes énoncés précédemment s'appliquent rigoureusement. Il se peut aussi que l'un des copropriétaires possède la chose entière et s'en prétende propriétaire exclusif. Les copropriétaires dépouillés agiront chacun pour leur part contre le possesseur actuel de la totalité, et dans la mesure qui excède le droit de ce dernier, il sera traité comme un usurpateur qui invoque un titre qu'il n'a pas. Le fait de contester au revendiquant son droit de copropriété lui vaut d'être considéré comme un étranger : il faudra intenter contre lui la revendication et apporter les preuves de la copropriété à l'appui de la demande. Toute action en partage serait non avenue, puisqu'elle suppose la copropriété prouvée entre les plaideurs.

L'exercice de cette action en revendication pourra bien, il est vrai, présenter quelques difficultés. Du jour où je crois opportun d'agir en revendication, je puis savoir quelle est exactement l'étendue de mon droit, la quote-part qui doit me revenir dans l'objet indivis. Alors je pourrai indiquer cette *pars certa* dans l'*intentio* de ma formule, et ainsi je satisferai à la règle posée par la loi 6 au Digeste, liv. VI, tit. I : « *Si in rem ali-* « *quis agat, debet designare rem : et utrum totam, an* « *partem, et quotam petat.* »

Si au contraire j'ignore la mesure de mon droit, la part qui m'appartient, quelque manifeste que soit mon droit lui-même, serai-je forcé d'attendre à ce qu'il soit déterminé pour la revendiquer? Le témoignage sur lequel je puis établir mon droit peut s'évanouir ; l'usucapion peut s'accomplir au profit du possesseur actuel et bien que la *litis contestatio* n'ait pas pour effet d'interrompre l'usucapion, il importe néanmoins qu'à ce point culminant du procès à Rome, avant lequel le juge devra se reporter pour fixer sa sentence, l'usucapion ne soit pas accomplie.

La rigueur du principe a dû s'atténuer devant l'équité. Ulpien adoptant sur ce point l'opinion des Proculiens considère que l'*intentio* est *recta*, si le droit est affirmé sans qu'il soit possible de préciser dans sa quotité l'objet sur lequel il porte (Loi 3, princ. D., *de peculio*, lib. XV, tit. I). Et Gaius (loi 76, parag. 1, D., *De rei vindicatione*, liv. VI, tit I) avec plus d'assurance applique cette règle à notre matière : « *Incertæ partis*

« *vindicatio datur si justa casusa interveniat.* » Si au jour du jugement, il est impossible au juge de fixer lui-même le droit partiel qui revient à chacun et de déterminer de quelle façon l'objet indivis devra être restitué par une tradition réelle ou fictive, mais nécessaire pour que la possession soit considérée comme commune, il invitera le défendeur à promettre avec adjonction de fidéjusseur qu'il fera la restitution quand celle-ci sera devenue possible.

Une dernière hypothèse relative à l'action en restitution d'une partie indivise nous intéresse : c'est celle prévue par la loi 1, parag. 3, au Digeste. *Si pars hered. petatur*, lib. V, tit. IV. Une succession à laquelle je suis appelé pour moitié est possédée indivisément par mon cohéritier véritable et par un étranger (Titius). Dois-je revendiquer contre mon cohéritier et l'étranger Titius la moitié de ce qu'ils possèdent, un quart contre mon cohéritier, un quart contre Titius ? Telle serait l'application stricte des principes, parce que mon droit avant le partage porte sur chaque parcelle de l'hérédité, pour moitié aussi bien sur celles qui sont aux mains de mon cohéritier que sur celles qui sont injustement possédées par Titius.

Mais on peut sans inconvénient couper court à ce circuit d'action, dit M. Pellat [1], auquel nous empruntons le commentaire du texte. « Une moitié indivise, part « abstraite, intellectuelle, étant parfaitement équivalente « à une autre moitié indivise, il est tout à fait indifférent « que ma moitié par indivis se compose d'un quart à

[1] Pellat, *De la propriété et de l'usufruit en droit romain.*

« prendre sur la moitié que vous possédez et d'un quart « à prendre sur la moitié que Titius possède, ou bien « de toute la moitié possédée par Titius ; il est aussi com« plètement indifférent à Titius d'être en deux fois ou « d'un seul coup débiteur de la moitié qu'il possède. Il « vaudra donc mieux en pratique que je ne vous « actionne pas, vous que je reconnais pour coproprié« taire, et que je revendique uniquement contre Titius, « que nous ne reconnaissons ni l'un ni l'autre comme « copropriétaire. »

Si, comme nous le constaterons, l'état de copropriété s'oppose en fait sans l'aide d'opérations contractuelles à la jouissance de chaque titulaire dans la mesure de son droit, nous observons dès maintenant qu'il n'apporte aucune dérogation aux lois fondamentales de la possession et nous pouvons non moins sûrement affirmer que l'exercice des actions qui ont pour but de garantir la possession aux mains de chaque copropriétaire est soumis purement et simplement aux règles générales de la matière.

CHAPITRE II

Administration

Si la théorie de la possession n'est en rien modifiée par la coexistence de plusieurs droits sur une même chose, par ce fait que l'élément matériel de la possession n'est que la forme extérieure et subordonnée de l'élément intellectuel, en sera-t-il de même du droit d'administration? Là encore le fait pourra-t-il répondre au droit?

En raison, on conçoit que les actes d'administration puissent procéder de trois facteurs différents. Ou bien tous les copropriétaires réunis agissent conjointement, chacun sur leur part, ensemble sur la totalité de l'objet: ou bien chaque copropriétaire agit séparément sur sa part de droit dans la chose ; ou bien enfin, par l'effet d'une délégation consentie par les autres copropriétaires sur leur part, le bien indivis sera administré pour la totalité par un seul copropriétaire délégué.

1° *Administration conjointe.* — Il suffira, peut-on croire, que pour tous les actes à passer sur la chose commune le concours et l'accord des copropriétaires s'établissent et chacun figurant dans l'acte l'aura passé dans la proportion du droit indivis qu'il a sur la chose. En fait cette façon de procéder est-elle toujours possible d'une part? Est-elle pratique de l'autre?

Ce concours est-il toujours possible? Cette question peut se poser d'abord au point de vue de la forme des différents contrats qui seront imposés aux administrateurs. Les cessions et spécialement les aliénations à prix d'argent des produits et fruits rentrant dans les devoirs de l'administration, il n'est point déraisonnable de se demander si les modes primitifs d'aliénation, *mancipatio et in jure cessio*, purent être pratiqués par les copropriétaires réunis. En droit, oui, qu'il s'agisse de la *mancipatio* ou de *l'in jure cessio*, procès fictif où il y aura deux ou trois défendeurs fictifs au lieu d'un, ou bien de la tradition. Il n'y a pas davantage de raison absolue qui empêche tous les copropriétaires de participer aux achats ou aux ventes que comportera la gestion des biens communs. Pour ces opérations, la bonne foi étant la seule règle d'interprétation, le consentement simultané des contractants, suivi d'une tradition faite en leur présence ou avec leur approbation, sera la seule condition requise pour la validité du contrat. Il ne semble pas que pour les autres contrats, tant réels que consensuels, il puisse s'élever d'autres difficultés.

En fait, ce concours de tous les copropriétaires est-il une garantie de bonne administration? Difficile assurément dans la plupart des cas, souvent impraticable, il ralentira les opérations et sera un obstacle sérieux à une saine gestion, en même temps que les dissentiments répétés entre copropriétaires pourront amener un arrêt général dans la perception normale des fruits.

Les Romains, pour la plupart dédaigneux des trafics vulgaires, ne paraissent pas, d'après les textes, avoir revendiqué avec énergie ce droit de gestion. Les lois ne font guère allusion qu'au droit pour le copropriétaire de demander compte au gérant, propriétaire ou étranger à la chose, des actes passés par lui et au droit de ce dernier de rentrer dans ses débours.

2° Chaque copropriétaire pourra exercer pour sa part, *ex parte individuâ*, les droits découlant de l'administration et qui seront susceptibles d'un exercice partiel. Mais tous les droits ne sont pas divisibles dans leur exercice. Une foule d'actes personnels me sont prohibés, en ce que leur accomplissement mettrait obstacle à la passation du même acte par mon copropriétaire; l'usage de ma part de droit à l'égard de certains objets ou en raison de l'effet de contrats déterminés est inséparable de l'exercice de la part de droit afférente à l'autre copropriétaire.

Copropriétaire d'un esclave pour moitié, je puis seul aliéner pour moitié le fruit de cet esclave commun, l'enfant qui en est sorti, comme je pourrai aliéner ma part de copropriété que j'ai dans l'esclave commun lui-même sans le concours de mes copropriétaires. Mais je ne puis louer ma part de travail à laquelle j'ai droit sur cet esclave, car, contrairement au premier, cet acte ne peut pas être passé *pro parte meâ* sans être en même temps passé *pro parte alienâ*. Cette distinction est fondamentale. Elle est posée par la loi 40, parag. 2, *de Damno Infecto* [1]. Disons que ce texte vise non une

[1] Loi 40, parag. 2, D., liv. XXXIX, tit. II.

question d'administration, mais un cas d'atteinte à la propriété. La distinction qu'il comporte est générale et n'en doit pas moins être étendue à notre hypothèse. De même, dit ce texte, si un dommage a été causé par la chute de la maison voisine à un édifice indivis, chaque propriétaire ne doit demander que la réparation du dommage qui lui a été personnellement causé, et par conséquent exercer pour sa part l'action de *damno infecto*.

Cujas [1] fait remarquer que certains objets se prêtent à une possession partagée, certains autres s'y refusent : « *Utrum possideant pro indiviso, an pro diviso, locum* « *quidem esse in fundo, sed non in re mobili quia res* « *mobilis, quâ appellatione continentur animalia quæ se* « *ipsa movent : res, inquam, mobilis, vel se movens, non* « *potest pro diviso possideri.* » Il ne faut pas s'y méprendre : Cujas indique ici un moyen pratique pour chaque copropriétaire de jouir de la chose commune : c'est, quand l'objet s'y prête, d'en partager la jouissance tout en laissant la propriété indivise ; autrement dit, c'est de substituer conventionnellement la jouissance personnelle de parts divises à la jouissance en commun de la totalité de l'objet.

Il n'en est pas moins vrai que même sur un immeuble certains actes de jouissance ne pourront être passés par chacun des copropriétaires dans la proportion du droit qu'il a sur la chose, en dehors de tout arrangement conventionnel.

Nous avons vu que le copropriétaire, lésé par la ruine

[1] *Cujacii opera*, In lib. XII ; *Pauli ad edictum*, t. V.

de la maison voisine, était garanti par la *cautio damni infecti* et pouvait agir séparément en réparation du dommage personnel à lui causé, car rien n'est divisible comme une action qui aboutit forcément à une condamnation pécuniaire. Le dernier paragraphe de la même loi tranche différemment une question voisine. « Si voisins du même édifice, dit ce texte, plusieurs copropriétaires prétendent à la caution *damni infecti* et que personne ne veuille la leur fournir, ils devront être envoyés en possession du bâtiment pour des parts égales, bien qu'ils aient des parts inégales dans le bâtiment menacé. » C'est que dans cette hypothèse, le fait s'oppose à l'exercice individuel et exclusif d'une part de droit aussi bien qu'à l'équation entre le droit lui-même et les actes de jouissance qui en sont l'expression visible.

En sorte que d'une façon générale nous devons constater que l'exercice individuel du droit d'administration par chacun des copropriétaires se restreint à certains cas exceptionnels où l'objet du droit indivis et l'acte qu'il s'agit d'accomplir se prêtent ensemble à une réalisation *ex parte individuâ.*

En fait on doit comprendre que ces exécutions partielles des opérations exceptionnellement divisibles présentent des inconvénients multiples et n'offrent en compensation aucun avantage réel.

3° Il est simple et naturel, que par un arrangement intervenu entre les propriétaires, il y en ait un qui exerce le droit tout entier. Il sera à la fois possesseur et détenteur ; il gérera le bien commun *partim suo nomine, partim alieno nomine.*

Ce fut par une sorte d'ingérence occasionnelle,

si l'on veut, pour plus de netteté, bannir toute idée de délégation contractuelle, que dut se faire la gestion de la chose commune le plus souvent. Un texte nous servira de guide dans l'analyse de ce troisième procédé d'administration de la chose commune. C'est le frag. 6, parag. 2, D., liv. X., tit. III. Il prévoit qu'un copropriétaire a tiré un profit du bien commun soit en le louant, soit en le cultivant. Il a opéré sans le concours de ses copropriétaires. Il doit partager avec eux le gain réalisé. Peut-il recourir contre eux pour se faire indemniser de ses démarches ou obtenir le remboursement partiel de ses dépenses? Oui, dit le texte. Agissant dans l'intérêt commun, il représente pour partie ses copropriétaires, et il ne doit point seul supporter la charge de l'acte pas plus qu'il n'en doit garder par devers lui le bénéfice : « *et si quidem communi nomine id fecit, neque lucrum,* « *neque damnum sentire eum oportet.* » De cette partie de la loi se dégage d'abord cette assertion : un copropriétaire seul peut accomplir certains actes d'administration sur la chose commune à charge d'en rendre compte.

Peut-il seul passer tous actes qu'il lui plaît? Le texte donne deux exemples : « *Sive autem locando fundum* « *communem, sive colendo.* » Que cette brève énumération soit limitative, il serait puéril de le penser. Nous croyons néanmoins qu'ils n'ont point été jetés au hasard. Les mots juxtaposés nous signalent les deux modes usuels d'exploitation des fonds, et nous pouvons croire que sa solution n'eût point été la même s'il se fût agi d'actes moins en harmonie avec la nature de l'objet commun. Nous sommes amené à généraliser et à penser que le copropriétaire peut passer seul sur la chose commune tous les actes de jouissance qui correspondent à sa destination, et l'obligation pour les autres copropriétaires de le rembourser des frais faits par lui sous cette seule condition nous pousse à croire qu'il peut passer cet acte de jouissance normale malgré la volonté de l'un des copropriétaires.

Est-ce à dire qu'il peut, avec la pleine certitude d'un remboursement intégral, passer tous les actes conformes à la destination de la chose dans tous les cas sur la totalité de l'objet en vertu d'une délégation purement tacite ou parfois sans l'adhésion de ses copropriétaires? Non point. Pour que cette ingérence soit pour lui sans risques, il faut qu'il n'ait pu sans trop de difficultés passer l'acte dans la stricte mesure de son droit. « *Hoc autem* « *ideo præstat communi dividundo judicio, quia videtur* « *partem suam non potuisse expedite locare* . » S'il a pu diviser l'acte, et s'il ne l'a fait, il ne sera point privé de tout recours, mais, nous le verrons plus loin, son action sera moins avantageuse.

Et encore, nous demandera-t-on, si l'un des copropriétaires veut louer le fonds, tandis que l'autre prétend l'exploiter de ses mains, comment tranchera-t-on le différent? C'est là une question de fait que le juge résoudra en tenant compte de l'intérêt commun et de la situation respective des parties. Peut-être aussi la priorité dans l'acte devra-t-elle être considérée par lui comme une raison suffisante pour établir une préférence. Notre texte en effet, qu'on le remarque, suppose des actes accomplis par l'un des copropriétaires sans accord préalable entre eux. L'accomplissement de l'un de ces actes a fait naître le quasi-contrat de gestion d'affaires avec toutes les conséquences qu'il entraîne et l'acte à accomplir étant indivisible, nous le supposons, il est permis de croire que l'un des copropriétaires ne pourrait exercer le *jus prohibendi* qu'à la condition de prouver que l'acte entrepris est intempestif ou inutile.

Remarquons que les Romains n'étant pas très portés par leur caractère à s'occuper de la gestion de leurs biens, la difficulté proposée devait en fait se présenter rarement.

L'étude du droit d'administration a pour corollaire l'étude de la responsabilité de celui qui l'exerce. L'administrateur délégué sera-t-il tenu à des devoirs dont l'inacomplissement créera des droits au profit des autres copropriétaires ?

Si nous envisageons l'état simple, le droit de propriété, nous constatons que le propriétaire ne doit compte à personne des actes qui lui plaît de passer ou de ne pas passer sur sa chose. Du droit de propriété ne naît aucune obligation de faire ou de ne pas faire.

L'état de copropriété semble apporter de graves dérogations à ce principe. D'une part, le copropriétaire ne peut pas, sous peine de léser les droits de ses copropriétaires et d'encourir une action de leur part, s'abstenir de poursuivre l'accomplissement de certains actes, entrepris librement ; d'autre part, dans l'exécution des faits relatifs à la gestion de la chose commune il a dû apporter une diligence dont il est responsable à l'endroit de ses copropriétaires.

Reprenons successivement ces deux propositions dérogatoires au droit commun. Le copropriétaire peut être forcé d'accomplir certains actes ; son abstention constituerait une lésion des droits des autres copropriétaires. Quels sont ces actes ? Quel est le fondement de cette action, tant de raison que de texte ?

Loin de nous d'affirmer que le principe, d'après lequel le propriétaire n'est forcé de passer aucun acte sur sa chose, soit renversé à l'égard du copropriétaire. Nous disons seulement que dans ce dernier cas, il subit des dérogations ; nous maintenons donc la règle : les copropriétaires ne sont point en principe responsables les uns envers les autres de leur abstention et de leur négligence.

Cette règle demeure si vraie, qu'elle semble mieux encore ressortir par le fait de la copropriété. S'imagine-t-on que l'un des copropriétaires puisse aller reprocher à l'autre sa négligence qui a entraîné la ruine de la maison commune ? Libre au même degré d'étayer les murs branlants, l'accusateur s'accuserait lui-même et il semble que si l'on pouvait concevoir des fautes réciproques des copropriétaires, il faudrait au moins les compenser et les annihiler.

Bref, le principe est sauf, mais il semble que des nécessités de fait obligent à des dérogations. Nous l'avons déjà constaté, il arrivera que l'un des copropriétaires, plus remuant que les autres, voudra user de la chose, et si elle ne se prête pas à une jouissance divisée, il empiétera par ses actes sur le domaine de ses copropriétaires. La loi 6, parag. 2, D., X,III que nous avons précédemment commentée suppose ce fait, et en fait découler une responsabilité à la charge du copropriétaire agissant. Pour tous les droits indivis qui se refuseront à un exercice divisé, et en cas de concours impossible de tous les copropriétaires à l'acte, ce système d'administration s'imposera et il créera à la charge de celui qui agira au nom de la communauté une responsabilité qui semblera, en raison de sa fréquence, inséparable de l'exercice du droit de copropriété lui-même.

Il n'en est rien. Nous sommes en face du quasi-contrat de gestion d'affaires pour la part où le copropriétaire a agi *alieno nomine*. Sans doute, des nécessités de fait et son intérêt personnel le poussaient à agir : ces circonstances ne sauraient modifier la nature de ses engagements qui ne découlent point en droit de l'état de copropriété.

En effet, le droit de copropriété, s'il crée au profit de chacun le droit de cueillir les fruits de la chose, n'en fait un devoir à personne. Il n'y a donc eu pour le copropriétaire agissant aucune obligation dérivant de sa copropriété.

Ce qui est plus vrai, c'est que le copropriétaire qui s'est ingéré pour le tout dans l'administration de la chose commune ne peut plus s'arrêter à son gré dans l'accomplissement des actes qu'elle comporte. Gérant d'affaires dans la mesures du droit de ses copropriétaires il est tenu comme tel de l'exécution complète du mandat assumé et il encourra de ce chef l'action *negotiorum gestorum directa*. Ce simple exposé de la nature de son obligation suffit pour montrer clairement qu'elle naît du quasi-contrat de gestion d'affaires et ne découle en rien du droit de copropriété.

C'est encore le fait de ce que les textes appellent plus spécialement la « *communio incidens*. » Deux héritiers, étrangers l'un à l'autre jusque-là, semblent n'avoir aucune obligation vis-à-vis l'un de l'autre. Et pourtant on les voit en plusieurs endroits déclarés responsables de telle faute ou mieux de telle négligence envers leurs cohéritiers. La loi 25, parag. 18, D., X,II, en donne un exemple « *Item culpæ nomine tenetur, qui, cum ante alios* « *ipse adisset hereditatem, servitutes prædiis hereditariis* « *debitas passus est non utendo amitti.* » A l'égard des héritiers nous pouvons, croyons-nous, formuler cette règle constante : Quand l'un d'eux a sur la chose commune accompli un acte indivisible de jouissance agissant dans l'intérêt commun, il s'est dès lors constitué administrateur, il s'est tacitement obligé d'apporter à la gestion de la chose commune même diligence que dans la gestion des siennes propres.

C'est bien là, ce semble, le caractère du quasi-contrat romain, simple fait, volontaire ou non, créant une obligation à l'instar d'un contrat (*Institutes*, parag. 3, liv. III, tit. XXXII, *De oblig. quasi ex contractu*). Ces dérogations apparentes au principe absolu de liberté en matière de propriété ne sont donc que le résultat de quasi-contrats auxquels les copropriétaires sont forcés de recourir en raison des difficultés de fait accumulés par la copropriété.

Quelle est l'étendue de la responsabilité des copropriétaires administrateurs ? Il est une règle d'un ordre supérieur qui peut nous guider dans le cercle étroit de cette étude : la responsabilité trouve sa mesure dans la liberté de l'agent. C'est bien le cas de l'appliquer, et nos textes nous y invitent. Le copropriétaire avait-il la liberté et la possibilité d'agir *pro parte suâ* et a-t-il agi pour le tout? Pour la part représentant le droit de ses copropriétaires, quelle diligence s'engage-t-il à apporter dans l'accomplissement de l'acte qui va produire effet à l'égard de tous? A quelles conditions sera-t-il dégagé de tout reproche mérité et par conséquent de tout recours judiciaire? La réponse n'est pas douteuse : l'acte a dû être accompli par lui avec toutes les précautions nécessaires pour garantir à ses copropriétaires le plus d'avantages possibles. Hors de cette mesure, en raison de la faculté qu'il avait d'exercer son droit sans mettre en jeu celui des autres, ceux-ci peuvent se plaindre d'une usurpation qui leur porte préjudice puisqu'ils eussent pu eux-mêmes apporter plus de soin dans l'accomplissement de l'acte. Dès lors pour échapper à toute plainte en justice de la part de ses copropriétaires il a dû se montrer aussi diligent que possible: *præstare exactissimam diligentiam.* L'inobservance de cette loi stricte, la *culpa lævis*, engage sa responsabilité qui sera appréciée *in abstracto* c'est-à-dire par comparaison avec la conduite qu'aurait tenue en pareil cas un bon père de famille.

Le copropriétaire administrateur a-t-il passé l'acte pour le tout parce qu'il y était contraint sous peine d'inaction même pour sa part? Autrement dit, l'acte était-il indécomposable? Alors en face d'une liberté restreinte la responsabilité est adoucie et mesurée aux habitudes mêmes de l'agent ; son intérêt personnel a été ici la cause apparente de l'acte et elle le justifie : « *hic propter suam partem causam habuit*

« *gerendi* » dit un texte[1] et ces motifs commandent que ses copropriétaires ne puissent se considérer comme lésés par l'acte, et que l'agent soit à l'abri de toute poursuite, s'il l'a accompli avec la même diligence que d'ordinaire il apporte aux affaires qui le concernent exclusivement. En un mot il ne répond que de sa *culpa* considérée *in concreto*. « *Talem diligentiam præstare debet* « *qualem in suis rebus* » dit la même loi.

La responsabilité de l'agent diffère dans l'une et l'autre hypothèse. Le rapport juridique engendré entre copropriétaires par l'exercice du droit sera non moins différent suivant que l'acte passé par lui était ou non indivisible. Au premier cas le copropriétaire agissant a dépassé volontairement la mesure de son intérêt personnel, a exercé consciemment et sans utilité pour lui, non seulement son droit propre, mais encore le droit de ses associés. Dans la mesure de l'intérêt de ceux-ci à l'acte il s'est constitué gérant d'affaires, et à ce titre juridique seulement il peut recourir contre eux pour se faire rembourser des frais faits par lui sur leur part. Si au contraire l'acte était indécomposable, l'exercice légitime de son droit entraîne, qu'il le veuille ou non, l'exercice du droit de ses copropriétaires : il n'a point librement pris en main leur intérêt, l'état de copropriétaire est la seule cause de l'empiétement commis, et la double constatation de cet état et de la nature indivisible de l'acte accompli fixera son droit à l'indemnité.

Dans les deux hypothèses le lien de droit diffère, et

[1] Loi 25, parag. 16, Paul, *Digeste*, x. II.

la sanction varie. Le copropriétaire qui a passé pour le tout l'acte décomposable, divisible, a pour rentrer dans ses débours l'action *negotiorum gestorum* indirecte, et ses associés peuvent lui demander compte de l'exécution de la mission qu'il a assumée par l'action *negotiorum gestorum directa*. Le copropriétaire qui a agi sur le tout en raison de l'indivisibilité de l'acte recouvre la part des frais afférente à ses copropriétaires par l'action *communi dividundo*. Cette double solution est la conséquence de notre point de départ, et la logique seule impose cette dualité d'actions.

Les textes délimitent expressément en notre matière le champ d'application des actions *communi dividundo et negotiorum gestorum*. (Loi 25, parag. 16, D., liv. X, tit. II, et loi 6, parag. 2, D., liv. X, tit. III.) Dans ce dernier texte Ulpien formule catégoriquement la règle : « *Hoc autem ideo præstat communi dividundo judicio quia* « *videtur partem suam non potuisse expedite locare... alio-* « *quin, si potuit, habet negotiorum gestorum actionem,* « *eâque tenetur.* »

Y a-t-il donc un intérêt à distinguer entre ces actions ? Nous en avons laissé pressentir l'intérêt capital. L'action *negotiorum gestorum* est moins avantageuse : le gérant d'affaires doit prouver qu'il a agi avec toute la digigence d'un bon père de famille ; autrement dit, il répond envers ses copropriétaires de sa *culpa levis in abstracto ;* le *dominus* peut demander compte des imprudences ou négligences que ne doit pas commettre l'homme soigneux. Au contraire par l'action en partage les copropriétaires ne sont tenus les uns envers les autres que de leur *culpa levis in concreto ;* le copropriétaire qui a agi recouvrera ses avances, s'il n'a point dérogé à ses propres habitudes, quels que soient d'ailleurs les résultats de l'acte.

Le copropriétaire qui a rempli le rôle de gérant d'affaires, nous aurons plus loin l'occasion de pénétrer plus avant dans la question, pourra par l'action *negotiorum gestorum* réclamer à ses associés leur part contributoire dans les dépenses utiles faites par lui, tandis qu'il y prétendrait en vain par les actions en partage.

Peut-être devons-nous trouver dans une disposition de Justinien (Code, loi 24, liv. II, tit. XIX) une dernière différence entre nos deux actions ? L'empereur décide que quiconque gère l'affaire de son semblable au mépris d'une défense expresse de celui-ci n'aura contre lui aucun recours en indemnité. Nous croyons cette règle applicable à l'égard du copropriétaire qui, malgré la volonté de son associé, a agi *in solidum* sur la chose commune alors qu'il pourait agir *pro parte suâ.* Le droit d'agir par l'action *negotiorum gestorum* lui est enlevé ; il ne lui reste aucune voie, et il ne saurait se plaindre d'une injustice, car cette défense n'était point un obstacle à l'exercice légitime de son droit. Toutefois cette prohibition de la part d'un copropriétaire serait illicite et non avenue, si l'acte ne pouvait être fait que *in solidum.* Accompli à titre de dépenses nécessaires malgré la volonté formelle de l'un des copropriétaires il ne donne pas moins droit à un recours en indemnité par l'action *communi dividundo.*

De ces observations nous devons conclure : l'état de copropriété ne modifie en rien les principes généraux des droits d'administration du propriétaire. La coexistence de plusieurs droits sur une même chose entraîne seulement la nécessité de fait pour les copropriétaires de recourir à certains contrats ou quasi-contrats supplémentaires, qui, eux, ont pour vertu de créer des obligations spéciales étrangères aux conséquences strictes et purement juridiques du droit de propriété.

CHAPITRE III

Partage des fruits et contributions aux charges

Quel que soit le mode d'administration adopté, il ne doit en rien altérer le droit de chaque copropriétaire d'user et de jouir de la chose dans la mesure de son droit, en même temps qu'il ne saurait le dispenser, à moins de faute de la part de l'administrateur, de contribuer pour sa part aux dépenses faites dans l'intérêt commun et à l'occasion de la chose commune.

Pour ce qui est de l'usage proprement dit, nous n'avons pas cru devoir en séparer l'étude de celle de la jouissance en général. Nous sommes d'ailleurs soutenu dans la jonction de ces deux attributs de la propriété par l'unification qu'en a fait le droit romain en consacrant le *jus utendi-fruendi*, dont il ne fit qu'un mot et qu'une chose.

Ce n'est pas à dire qu'en unissant ces deux éléments de la propriété dans une même étude nous devions les confondre. Nous devons prendre chacun de ces mots dans son sens étroit pour montrer, qu'en cas de copropriété, l'*usus* ne saurait se plier aux règles que nous avons données sur l'administration de la chose commune. Nous devons en outre ajouter que tandis que la possession, l'administration et la perception des fruits ne subissent qu'une atteinte apparente par l'état de copropriété, l'usage toujours matériel, la plupart du temps impartageable, se refuse en principe à tout exercice adéquate au droit lui-même. Est-ce une règle universelle? Ulpien prétend (loi 5, parag. 15, *commodati vel contra*, D., XIII, VI) que j'ai l'usage total d'un bain *(baluei)*, d'un portique *(porticus)*, d'un terrain vague *(campi)*, bien que nous soyons deux propriétaires de ces objets, car, dit-il, l'usage qu'en fait mon copropriétaire ne gêne en rien le mien. Il n'en serait pas de même d'un véhicule, etc... Il y aurait donc des actes pour lesquels non seulement l'usage serait adéquate au droit, mais en fait et sous un aspect particulier dépasserait la part de droit qu'on a sur la chose.

Resteraient en tout cas les autres objets soumis à copropriété et pour lesquels l'exercice du *jus utendi* par l'un des copropriétaires est indivisible et exclusif de l'exercice du droit des autres. C'est le véhicule dont parle Ulpien *(loc. cit.)*. Pendant que je m'en sers pour faire une course, l'autre copropriétaire ne peut en user pour aller ailleurs. Et Ulpien constate que nous le tenons ni l'un ni l'autre *in solidum*; mais que nous ne répondons pas moins tous les deux de notre dol, de notre faute, etc..., pour tout dommage causé à autrui avec ce véhicule. Le jurisconsulte compare notre situation à celle de deux associés contractuels qui ont loué la voiture en commun et dont l'un seulement la brise par sa faute ou se la laisse voler en ne prêtant pas les soins suffisants à sa garde. Le loueur aura un recours contre tous et contre chacun des associés pour la valeur totale du véhicule, tout comme chacun d'entre eux pourra poursuivre le voleur.

Reste la question : comment s'exercera le droit d'usage d'une chose commune? Il suffit de rappeler que parmi les choses dont l'usage est le plus difficile à proportionner au droit de chacun figurera l'esclave pour en indiquer du même coup tout l'intérêt.

L'esclave ne peut servir deux maîtres à la fois : la raison et le droit strict s'accordent sur ce point.

Le paragraphe 3, liv. II, tit. V *des Institutes* définissant strictement le droit d'usage indique implicitement l'impossibilité qu'il y a de proportionner l'exercice du droit d'user au droit lui-même : « *ad alium vero nullo modo* « *jus suum transferre ei concessum est.* » Le jour où il eut été permis de louer l'exercice de son droit à prix d'argent, toute difficulté eût disparue, car le partage du prix de location l'eût supprimée. Mais ce jour-là, il devait y avoir une confusion absolue entre le *jus utendi* et le *jus fruendi*. C'est pourtant la solution que consacra Justinien, sur l'avis de Marcellus, et probablement sous l'exigence des nécessités de fait (inst., *ibidem*, p. 5). Toute législation devait se départir de cette conception purement abstraite qui aboutit à un résultat négatif et par conséquent contradictoire avec le fait. Aussi voyons-nous la loi 10, parag. 2, D., X, III, chercher le biais que nous venons d'indiquer et attribuer au préteur la mission de concilier les intérêts des copropriétaires par des voies détournées, par exemple en attribuant à l'un l'usage libre de l'objet à charge pour celui-ci de payer à ses copropriétaires une somme d'argent représentant la jouissance de leur droit : « *Si usus tantum noster sit,* « *qui neque venire, neque locari potest, quemadmodum* « *divisio potest fieri in communi dividundo judicio videa-* « *mus ? Sed prætor interveniet et rem emendabit : ut, si* « *judex alteri usum adjudicaverit non videatur alter, qui* « *mercedem accepit, non uti : quasi plus faciat, qui videtur* « *frui : quia hoc propter necessitatem fit.* »

L'article 1859, 2° du Code civil, visant la même difficulté, formule une solution plus vague et plus indécise. Nous ne rappelons cette disposition de la loi française que pour faire remarquer que cette impossibilité matérielle d'effectuer un travail simultané au profit de plusieurs personnes ne se conçoit que si les copropriétaires ont des intérêts non joints. Or toute société, qu'elle soit ou non personne civile, a pour but nécessaire la jonction des intérêts que l'esclave commun pourra satisfaire par un travail simultané.

Les Romains avaient peu la passion du commerce et même l'habitude de faire produire leurs biens était loin de leur être familière. C'est du moins la pensée qui naît en face des nombreux textes traitant de la copropriété dont pas un ne vise directement le partage des fruits. Ce silence pourrait s'expliquer par cette considération que cette règle n'avait pas besoin d'être formulée tant elle est naturelle, et que son application consistant dans une opération mathématique n'avait soulevé aucune contestation. Nous pouvons toutefois citer les textes suivants qui ne font que mentionner incidemment l'obligation au partage des fruits : liv. X, tit. III, D., frag. 4, parag. 3, et parag. 3, tit. *de oblig. quæ ex con-*

tractu, Inst., liv. III, tit. 27, paragr. 3. Ces textes eux-mêmes ne posent pas le principe du partage des fruits ; ils le supposent reconnu et visent des hypothèses dans lesquelles des recours sont accordés à l'un des copropriétaires soit pour recouvrer une partie de dépenses faites par lui sur la chose commune, soit pour partager les fruits perçus par l'autre.

Très conservateurs, les Romains copropriétaires paraissent au contraire, à en juger par le nombre des textes et des questions soulevées, s'être accordés difficilement sur l'opportunité des dépenses à faire pour sauvegarder ou améliorer la chose commune et, en cas de désaccord, l'abstention paraît toujours avoir eu gain de cause. C'est le système de l'avare qui laisse tomber en ruine ses biens pour ne point endommager sa fortune. Les procès sur la matière furent nombreux à Rome, et leurs traces vont nous permettre d'en réédifier la théorie.

Le préteur ne pouvait prendre d'autres bases de ses jugements que la division classique et générale des dépenses nécessaires, utiles et somptuaires. L'énonciation du principe qui domine le sujet tout entier nous permettra d'abord d'écarter de suite les dépenses somptuaires et nous servira ensuite de base dans la distinction que nous ferons entre les dépenses nécessaires et les dépenses utiles : chaque copropriétaire ne peut apporter aucune innovation sur la chose commune. Ce principe résulte du texte suivant (frag. 28, p. 1, D., liv. X, tit. III, [1]). Toute une série de moyens préventifs

[1] Loi 8, D., liv. VIII, t. II.

sont mis par le préteur à la disposition des copropriétaires pour empêcher l'un des leurs, trop entreprenant, d'apporter des modifications à la chose commune et pour leur permettre d'entraver toute tentative d'innovation.

Le *jus prohibendi* en vertu duquel le copropriétaire s'oppose à toute modification de la chose commune s'exercera surtout à l'égard des actes que les copropriétaires ne peuvent faire que réunis et plus particulièrement de ceux qui découlent du troisième élément du droit de propriété, du *jus abutendi.*

On peut dès maintenant étabir d'une façon générale que toute innovation, quant au fond ou dans les qualités accessoires de l'objet, ne peut être faite sur la chose commune qu'avec le concours de tous les copropriétaires. La loi 27, parag. 1, D., liv. VIII, tit. II, confirme cette règle par l'exemple suivant : « *Si in area* « *communi ædificare velis, socius prohibendi jus habet,* « *quamvis tu ædificandi jus habeas a vicino concessum :* « *quia socio invito in jure communi non habeas jus ædifi-* « *candi.* »

On pourrait multiplier les citations à l'appui de cette règle évidente, d'une application constante en notre matière et d'une portée si générale en droit romain qu'on le traduisit par ce dérivé d'un brocard connu : « *In pari causâ melior est causa prohibentis.* »

Toutefois cette *prohibitio* émanant de l'un des copropriétaires ne saurait être dans tous les cas un obstacle invincible à toute modification de l'objet indivis. Il va de soi que le copropriétaire qui veut entreprendre un travail urgent pour la conservation de la maison commune ne peut être rebuté comme celui qui voudrait apporter une innovation purement de luxe. Le premier devra triompher de la *prohibitio* intempestive de son associé.

Mais la question de fait de savoir si la maison menace vraiment ruine devant faire l'objet d'une expertise dont le résultat peut être douteux, s'il est prudent, il requerra l'assentiment et même la collaboration de ses copropriétaires. Cette prudence est si naturelle que la loi 12, D., Ulpien, liv. X, tit. III, reconnaît au copropriétaire, qui juge urgentes les réparations, sans que toutefois elles doivent être immédiates, le bénéfice possessoire, l'interdit *uti possidetis*, qui, en garantissant d'une voie sa libre possession, dégagera sa responsabilité et assurera la coopération effective ou au moins pécuniaire de ses copropriétaires.

A l'inverse, s'il est un cas où le *jus prohibendi* triomphera, ce sera quand l'un des copropriétaires manifestera l'intention de faire sur la chose commune des modifications de luxe.

Toujours est-il que la question de contributions aux charges se posera, soit que ce copropriétaire n'a pas pu ou n'a pas voulu exercer le *jus prohibendi*, soit qu'en fait l'un de copropriétaires a fait une dépense sur la chose commune à l'insu des autres, soit qu'il ait triomphé de la prohibition en prouvant la nécessité des travaux entrepris.

Comme préliminaire à la question de savoir si le copropriétaire peut se faire rembourser les dépenses faites par lui sur la chose commune, il faut rappeler la distinction basée sur la loi 6, parag. 2, D., liv. X, tit. III.

Le copropriétaire a-t-il agi sur la chose commune dans le but d'opérer un bénéfice personnel ? Il n'aura aucun recours. A-t-il entendu au contraire agir dans l'intérêt commun ? Il aura recours d'après les règles qui suivent.

Pour ces dépenses qui n'ont d'autre but que d'embellir la propriété commune sans en augmenter ni la valeur ni la productivité, le copropriétaire qui les a faites ne peut demander aucune indemnité.

Le fait est rare où le travail opéré n'ajoute aucune plus-value à l'objet. Aussi bien que la dépense faite « *nulla re urgente* » puisse être considérée comme somptuaire, elle a pu dans une certaine mesure accroître, sinon le rendement, du moins la valeur du fonds. C'est l'hypothèse prévue par la loi 27, *princ.*, D., liv. III, tit. V. La réponse n'est pas moins absolue ; pour des dépenses voluptaires aucun recours n'est accordé. Il faudra cependant reconnaître au copropriétaire innovateur le *jus tollendi*.

Le recours pour les dépenses nécessaire est certain au profit de qui les a faites. Une maison commune menace ruine, chacun des copropriétaires peut la réparer sans le consentement de ses copropriétaires et la réparation ne pouvant, pour produire un résultat, s'effectuer *ex parte individuâ*, le copropriétaire qui l'a faite en entier aura un recours par l'action *communi dividundo*. C'est l'application de cette règle relative aux dépenses faites par le mari sur la dot, et devenue brocard « *impensæ* « *necessariæ dotem ipso jure minuunt.* »

Cet adage trouve de nombreuses applications en notre matière. C'est en qualité de dépenses forcées et nécessaires que la loi 25, parag. 15, liv. X, tit. II, énumère un certain nombre de condamnations subies par l'un des copropriétaires à raison de la chose commune. Les derniers mots du texte l'affirment clairement : « *Et « omnino quæ pro parte expediri non possunt, si unus « cogente necessitate fecerit, familiæ erciscundæ judicio « locus est.* »

Donnerons-nous une réponse aussi absolue en ce qui concerne les dépenses utiles, celles qui, non indispensables à la conservation matérielle de la chose, en ont augmenté la valeur et la productivité, telles que l'apprentissage d'une esclave, dont le travail sera devenu infiniment plus rémunérateur, ou le percement d'une voie qui facilitera l'exploitation d'un champ ? Il semble bien que la raison et la timidité du droit romain à l'endroit de ce qui peut créer arbitrairement une obligation à la charge de qui ne l'a pas consentie doivent faire proclamer que ces dépenses d'argent résultant en somme d'innovations n'ayant rien d'indispensable ne peuvent être imposées à des copropriétaires peu fortunés, à qui ces dépenses peuvent paraître ruineuses, si utiles qu'elles soient pour un capitaliste.

Les textes ne donnent point de solutions à propos des dépenses utiles. Nous ne saurions croire que la loi, que nous venons de citer, ait pu faire allusion aux dépenses de cette nature, quand le jurisconsulte, résumant sa pensée et exprimant une règle générale, déclare qu'il considère que ces dépenses n'ont été faites qu'imposées par la nécessité « *cogente necessitate* » sans distinguer d'ailleurs le fondement de la condamnation que le copropriétaire a encourue.

Mais l'esprit général du droit romain, si incontestable qu'il soit, ne peut être le seul guide dans un problème aussi délicat. Si des textes spéciaux manquent pour établir quelle fut la solution admise sur ce point important, n'est-ce pas dans la matière la plus voisine par les rapports juridiques qu'elle fait naître qu'il faut puiser la doctrine la plus vraisemblable ? Or n'avons-nous pas eu déjà mainte occasion de signaler la dualité des rapports de droit existant entre copropriétaires ? Tout acte qui n'est qu'une conséquence nécessaire de l'état de copropriété trouve sa sanction dans l'action *communi dividundo* ; l'action *negotiorum gestorum* est le recours plus ou moins puissant mis à la disposition du copropriétaire qui a exercé le droit des autres sans y être astreint par la nécessité. N'est-ce pas à ce dernier titre que le copropriétaire prétend à une indemnité, pour ses dépenses utiles ? Qu'il doive être considéré comme un étranger à l'égard de ses copropriétaires, nous le concédons, et l'acte simplement utile passé par lui sur la chose commune ne lui permet pas d'agir par l'action *communi dividundo*. Mais sous quel prétexte le traiter plus mal qu'un voisin qui, sans aucun droit, même partiel, sur la chose, entreprend d'en accroître la valeur par une dépense que le propriétaire eût pu se dispenser de faire ? Tel est pourtant le résultat indéniable, mais illogique, de l'opinion qui refuse tout recours au copropriétaire pour les dépenses utiles.

La condition essentielle et suffisante pour qu'il y ait lieu à recours pour gestion d'affaires, c'est qu'on ait réellement et utilement géré l'affaire d'autrui dans le but de l'obliger. C'est bien ce qui se rencontre quand un copropriétaire pouvant agir pour sa part seulement agit utilement pour le tout.

Donc, quand une dépense simplement utile a été faite par un copropriétaire non-seulement dans son intérêt, mais aussi dans l'intérêt des autres copropriétaires, c'est-à-dire sur la totalité de l'objet alors qu'elle aurait pu être faite pour partie, on peut dire qu'il y a véritablement gestion d'affaires, et à ce titre le copropriétaire dont l'affaire a été gérée sera tenu exactement comme le serait un étranger à l'égard du copropriétaire gérant.

Mais si la dépense simplement utile ne pouvait être faite pour partie, le copropriétaire qui a agi pourrait-il recourir aux actions *familiæ esciscundæ et communi dividundo* pour recouvrer l'excédant de sa part contributive dans les déboursés? Nous ne le croyons pas. Nous ne considérons pas ce recours comme une conséquence naturelle de l'état d'indivision; les obligations nées du fait de la copropriété ne sont pas pour nous le principe de l'action. Nous y avons vu une gestion, et c'est à ce titre que le recours existe; mais aussi faut-il nous renfermer dans les règles de ce quasi-contrat.

Mais alors, objectera-t-on, on aboutit à ce résultat que le copropriétaire qui n'a pu passer l'acte utile pour lui qu'en l'accomplissant en même temps pour les autres sera moins avantageusement traité que celui qui libre d'agir pour sa part seulement s'est ingéré librement dans les affaires d'autrui. L'anomalie n'est pas à redouter, si tant est qu'elle existe. A l'encontre de celui qui librement a agi au nom de tous, celui qui exerce sur l'objet commun un droit indivisible ne travaille pas dans l'intérêt d'autrui et dans le but de l'obliger. Sans doute ses copropriétaires en profitent, mais il ne l'a probablement pas voulu. Son intérêt propre a été le mobile principal, peut-être exclusif, de son acte. Aussi ne lui est-il dû aucune indemnité à moins que la dépense ne soit nécessaire. D'ailleurs il n'est point tant à plaindre, car l'acte n'était point indispensable. Simplement utile, il pourrait être retardé jusqu'à ce que tous soient d'accord.

Au cas où l'un des copropriétaires ne voulait pas consentir à cette dépense réellement utile, il nous semble que, comme dans beaucoup d'autres circonstances, il y avait lieu de recourir à l'autorité du préteur pour mettre fin à un état de choses nuisible aux intérêts de la majorité des copropriétaires.

Dans la doctrine adverse on nous oppose certains textes qui n'accordent expressément de recours que pour les dépenses nécessaires. C'est par exemple le parag. 3, tit. XXVII, liv. III, *des Institutes*. Qui prouve que ce texte ait entendu en termes aussi vagues formuler une règle aussi stricte ? Des auteurs n'ont voulu voir là qu'un exemple de recours possible entre copropriétaires. En tout cas l'argument *a contrario* qu'on peut seulement tirer de ses termes est insuffisant pour former la base d'une solution aussi bizarre.

Quant à la règle romaine en matière de dot « *impensæ necessariæ ipso jure dotem minuunt,* » elle vient en quelque sorte à l'appui de la théorie telle que nous la concevons.

Les dépenses nécessaires en matière de copropriété diminuent de plein droit la valeur de la chose et voilà pourquoi il en doit être tenu compte dans les actions *communi dividundo et familiæ erciscundæ*. Il n'en est pas de même des dépenses utiles, au moins si elles ne constituent pas une gestion d'affaires.

Dans ce dernier cas ce texte ne peut nous être opposé, parce que jamais le mari en faisant une dépense utile sur le bien dotal ne peut être considéré comme gérant d'affaires. Il ne fait pas les affaires d'autrui, mais bien les siennes, puisqu'il a non-seulement la jouissance totale de la chose, mais encore la propriété.

Enfin se pose la question de mesure du recours du copropriétaire qui a agi pour le tout. Recouvrera-t-il le montant intégral de ses dépenses ou au contraire sera-t-il remboursé dans la mesure de la plus-value acquise par l'objet indivis du fait de ses débours ?

Si le copropriétaire a agi en qualité de *negotiorum gestor*, seule hypothèse que nous puissions envisager, il faut à cet égard lui appliquer strictement les règles de la gestion d'affaires. La loi 10, parag. I, D., lib. III, tit. V, est suffisamment précise sur la question : le maître doit restituer non-seulement jusqu'à concurrence de la plus-value acquise par la chose gérée, mais tous les débours faits utilement par le gérant, et ici le maître, c'est le copropriétaire qui a laissé passer l'acte sur l'objet indivis.

DEUXIÈME PARTIE

ACTES DE DESTRUCTION MATÉRIELLE OU JURIDIQUE (JUS ABUTENDI)

Parmi les actes dont l'accomplissement constitue l'exercice du droit de copropriété, nous n'avons jusqu'ici envisagé que ceux qui ont pour fondement les droits d'user et de jouir (*utendi-fruendi*). Le droit de propriété emporte avec eux le droit d'abuser : dans quelle mesure la copropriété se concilie-t-elle avec l'exercice de ce droit ? Remarquons d'abord que le *jus abutendi* offre avec le *jus utendi-fruendi* une opposition que les mots eux-mêmes dépeignent. Tandis que l'exercice du premier tend par dessus tout à la conservation du droit en même temps qu'à la réalisation des avantages qu'il comporte « *salvâ rerum substantiâ* » d'après la définition même de l'usufruit, l'exercice du second anéantit ou transforme inévitablement le droit lui-même aux mains de qui le met en branle. Par l'exercice de l'un des actes dérivant du *jus abutendi*, le droit du propriétaire s'évanouit au moins partiellement et sa forme et sa substance se modifient si elles ne s'effacent totalement.

Quelles sont les restrictions apportées par l'état de copropriété à ce droit absolu du propriétaire sur sa chose ? C'est la question à résoudre dans la deuxième partie de cette étude.

Parmi les actes de destruction juridique, il en est de deux natures : les uns pourront n'engager que la part de droit de celui qui le passe sans compromettre le droit des autres copropriétaires ; les autres portant sur l'objet lui-même dans son intégrité ne pourront être passés sans éteindre ou modifier le droit de tous les copropriétaires. Et remarquons que cette distinction n'a pas seulement pour base la nature des actes qu'il s'agira de passer, mais aussi et surtout la nature des objets sur lesquels porte le droit de copropriété. Donc variété des effets — différence dans les conséquences qui dépendront tantôt de l'acte à accomplir — tantôt de l'objet du droit. Ces éléments quelque variables qu'ils soient se ramènent tous à ces deux hypothèses : 1° Actes de destruction ou de transformation juridique que chaque copropriétaire peut accomplir seul. 2° Actes de destruction ou de transformation juridique que chaque copropriétaire ne peut accomplir qu'avec le concours de ses copropriétaires.

CHAPITRE PREMIER

Actes de destruction ou de transformation juridique que le copropriétaire peut faire seul.

SECTION PREMIÈRE

ACTES ENTRE VIFS

1° *Vente.* — La vente en droit romain n'étant pas translative de propriété, mais seulement génératrice d'obligation il n'y a pas lieu de la distinguer des autres contrats engendrant des obligations. Or, il est certain que moi, copropriétaire, je puis m'engager à livrer non seulement ma part dans le bien commun mais encore les parts de mes copropriétaires, ou ce qui est la même chose le bien d'un étranger. J'aurai un moyen de satisfaire à mon obligation : acheter les choses promises.

Le transfert de la part de propriété de l'objet indivis s'opérera comme le transfert de la propriété entière par l'*in jure cessio* et la *mancipatio*, dans le droit primitif moyennant une modification à la formule *(ex parte individuâ)*, par la tradition dans le droit classique et dans le droit de Justinien. La tradition, qui n'est que la remise de la possession, s'effectuera à l'égard d'une chose indivise conformément aux règles que nous avons données touchant la possession d'un bien indivis. Remarquons d'ailleurs que cette tradition est le complément indispensable à l'existence de la vente, et si elle peut s'induire d'un signe quelconque à l'exemple de la possession, elle sera aussi nécessaire au transfert d'une part de propriété que d'un droit intégral. C'est ce que nous dit la Const. 8, Code, liv. IV, tit. XLIX.

Il est à peine besoin de mentionner la donation d'une chose indivise qui sera soumise de tous points aux mêmes règles.

Chacun des copropriétaires peut donc vendre sa part aux conditions qu'il lui plaît ; il peut même vendre en son nom propre la part des autres, car la vente de la chose d'autrui est licite. L'exécution de la vente le concerne seul. Lorsque les copropriétaires ont vendu ensemble la chose commune ce qu'ils ont fait par un concours effectif, par délégation de l'un d'eux ou d'un tiers, ils ont pu se réserver à leur profit commun le bénéfice d'une condition résolutoire, par exemple de l'*addictio in diem.*

La vente est parfaite, mais elle sera résolue si, avant le jour fixé, il se présente pour les vendeurs un parti plus avantageux qu'ils acceptent. Chaque copropriétaire va-t-il pouvoir « *addicere in diem pro parte suâ* », accepter les offres nouvelles d'un tiers seulement dans la mesure de son droit sur la chose en laissant subsister la vente pour la part de ses copropriétaires? Cette résolution partielle pourrait léser le premier acheteur qui a entendu devenir propriétaire exclusif. En droit l'affirmative est inadmissible, parce que le pacte d'*addictio in diem* accessoire à la vente a pour mesure le contrat principal lequel a pour objet la chose commune dans son intégrité et dont le prix est indivisible. « *Unitas* « *pretii id efficit*, dit Hoffmann[1] *ut integer contractus* « *maneat, et quæ tota atque integra tantum emere volu-* « *mus, ea pro parte offeri nequeunt.* »

Il en sera de même, poursuit cet auteur, si l'un des vendeurs de la chose commune veut exercer le pacte d'*addictio in diem* et fait dans ce but des offres plus avantageuses : il sera forcé de racheter l'objet vendu dans sa totalité, y compris sa part ; il ne peut exercer le retrait pour partie, la chose ayant été vendue dans sa totalité pour un prix unique et étant devenue la propriété d'autrui, à savoir de l'acheteur à qui elle est reprise.

Il se peut que l'un des copropriétaires se posant faussement comme propriétaire unique à l'égard de l'acheteur vende la chose commune et en fasse tradition à l'insu de ses associés. Cujas[2] trouve dans la vente suivie de tradition le juste titre qui permet au possesseur d'usucaper. Le copropriétaire lésé par la vente de la totalité de la chose commune pourra revendiquer avant l'usucapion accomplie ; lorsque les délais légaux ont consolidé le droit de l'acheteur, dit un texte de l'empereur Antonin (Code, livre IV, tit. LII, loi 1) le copropriétaire lésé

[1] Auguste Hoffmann, *De jure rerum individuarum tractatio methodica.*

[2] *Cujacii opera*, t. II, *Paratitla*, in lib. IV, Code, tit. LII.

n'aura d'autre ressource que de s'arranger à l'amiable avec ceux qui relativement à sa part ont conclu une vente illicite. « *Arbitrium est tibi liberum conveniendi* « *eos qui pro portione tuâ satis illicitam venditionem cele-* « *braverunt.* » Ce que Cujas traduit peut être trop librement en affirmant que le prix de la vente pourra être ravi à l'acheteur : « *post usucapionem autem venditori* « *pretium auferri potest.* »

2° *Prêt.* — Le prêt *(mutuum)* se soustrait aux règles que nous venons de donner à propos de la vente. Comme il porte sur une somme d'argent, qui doit être *numerata* et qui est aliénée par le fait même de la numération des espèces, on comprend toute la gravité que présenterait l'acte d'un copropriétaire qui prenant de l'argent dans la bourse commune aurait la prétention de faire un placement des fonds de la communauté à l'insu et sans l'assentiment de ses copropriétaires. Aussi ne doute-t-on pas que le copropriétaire ne peut prêter, sans le concours de tous, que la somme représentant sa part de droit. Cette solution, les auteurs s'accordent à la trouver dans le fragment 16, D., liv. XII, tit. 1er, bien qu'il y ait une vive discussion sur le point de savoir si le mot « *Socius* » de ce texte, fait allusion à un simple copropriétaire, auquel cas on ne trouve aucun sens à la première phrase, ou à un associé. Mais il est bien certain que le copropriétaire d'une somme d'argent peut prêter seul sa part, aliéner sa part *credendi causâ.*

Qu'arrive-t-il si, dépassant son droit, le copropriétaire a compté les espèces non dans la proportion de sa part, mais pour la totalité de la somme commune ? Au delà de la somme représentant sa part, le prêt est nul pour la raison donnée dans le fragment 2, parag. 4, D., liv. XII, tit. 1 : « *In mutui datione, oportet dominum esse* « *dantem.* » D'où il suit que les copropriétaires en poursuivront le remboursement,

3° *Constitution d'usufruit et d'hypothèque* — Aux actes qu'il faut ranger parmi ceux que le copropriétaire peut passer seul, il faut joindre la constitution d'usufruit et d'hypothèque.

Il suffit de rappeler ce que nous avons dit dans la première partie pour faire comprendre sous quelles conditions l'usufruit peut s'adapter à une part indivise d'un bien. L'usufruitier jouera exactement le rôle du plein copropriétaire au point de vue de la jouissance. Un simple renvoi semble donc devoir suffire sur ce point.

Quelles sont les règles de la constitution d'usufruit par l'un des copropriétaires, acte dérivant du *jus abutendi?* A coup sûr, un seul des copropriétaires ne peut constituer un usufruit sur la totalité du fonds. *Nemo dat quod non habet.* Chaque copropriétaire peut-il constituer un usufruit sur sa part? Oui, car, par sa nature, le droit d'usufruit se conçoit sans peine portant sur une part indivise, et le frag. 5, parag. 2, D., liv. VII, tit. VI, confirme cette solution : « *Si partis fundi usus-* « *fructus constituatur, potest de eo in rem agi, sive vindicet* « *quis usumfructum sive alii neget.* » L'effet de cette constitution d'usufruit sera la substitution temporaire de l'usufruitier à l'un des copropriétaires dans la jouissance de la part grevée d'usufruit.

La situation engendrée par la constitution d'usufruit émanant d'un copropriétaire sur sa part dans la chose commune ne doit pas être confondue avec celle qui naît de la constitution d'usufruit sur une chose entière par un propriétaire unique au profit de plusieurs personnes. Le co-usufruit, qui comme la copropriété résulte le plus souvent de dispositions testamentaires, eût pu faire sur toutes les questions que nous avons soulevées l'objet d'un parallèle que nous croyons pouvoir résumer dans de courtes remarques.

Et d'abord il nous faut écarter toute confusion entre l'indivision proprement dite et l'usufruit, ce qui pourrait paraître trop évident pour être signalé, si les textes ne désignaient parfois ces deux droits par une expression commune : *pars dominii*. Par ces mots appliqués à l'usufruit, il faut entendre que ce droit peut être considéré comme un démembrement de la propriété à laquelle il emprunte ses deux éléments : *jus utendi fruendi* et non qu'il équivaut au partage en parts aliquotes du droit de pleine propriété sur une même chose.

Le co-usufruit présente néanmoins quelque affinité avec la copropriété. Relativement aux actes d'usage et de jouissance les règles sont le plus souvent communes à l'un et à l'autre. Pourtant la distinction faite au parag. 37, liv. II, tit. I, *des Institutes* entre les produits et les fruits paraît devoir être considérée comme étrangère à notre matière, la vente des produits ainsi que des fruits rentrant dans les devoirs du copropriétaire administrateur ; d'où la vente du part de l'esclave devrait être considérée de la part de l'un des cousufruitiers de cet esclave comme l'aliénation *pro parte* de la chose d'autrui, de la part de l'un des copropriétaires comme un acte d'administration.

On sait qu'antérieurement à Justinien la cession de l'usufruit à un tiers était nulle. Il en résulte une différence importante entre les droits du co-usufruitier et du copropriétaire. Tandis que celui-ci peut librement aliéner à titre gratuit ou onéreux et sous quelques conditions qu'il lui plaît son droit de copropriété, le premier ne peut céder son droit en raison de l'incessibilité des servitudes. (Loi 66, *De jure dotium*, D., liv. XXIII, tit. III,) ni même, d'après Gaius, s'en dessaisir, l'acte qui tend à ce résultat étant nul absolument et sans effet [1].

Un certain nombre de faits mettent fin à l'usufruit, tels que la *capitis deminutio*, la *mutatio rei* qui laissent intact le droit de copropriété. L'abandon et le non usage font également sous certaines conditions cesser l'usufruit au profit du nu-propriétaire.

L'hypothèque s'adapte également à la division du droit de propriété en ce qu'elle n'entraîne aucun déplacement total ou partiel de son objet. Sans doute elle pourra avoir pour conséquence l'aliénation totale du fonds grevé. Mais cette considération ne rebute pas le législateur qui n'hésite pas à reconnaître comme possible la constitution d'hypothèque par l'un des copropriétaires sur sa part indivise. (Loi unique, Code, liv. VIII,

[1] Ortolan, *Institut de Justinien*, t. I, usufruit.

tit. XXI.) « *Frater vester, sicut vobis invitis portionem* « *vobis competentem obligare non potuit, ita suam dando,* « *obligationem creditori quæsivit. Unde intelligitis contrac-* « *tum ejus nullum præjudicium domino vestro facere* « *potuisse.* »

La même règle s'applique aux hypothèques légales, que les Romains appelaient plus souvent tacites. Et nous en trouvons un exemple facile à saisir quand deux héritiers sont débiteurs du même legs chacun pour moitié à un même légataire. L'hypothèque du légataire porte sur la part indivise de chacun des cohéritiers.

L'hypothèque et le gage se distinguent en droit romain en ce que la première n'exige aucun déplacement de la possession. Le gage au contraire ne s'effectue pas seulement par la création d'un droit, mais aussi par la tradition réelle de la chose entre les mains du créancier. Que le copropriétaire ne puisse donner la chose commune en entier en gage d'une manière opposable à ses copropriétaires, pas n'est besoin de le démontrer, au moins en thèse générale. Les propriétaires lésés auraient toujours le droit de revendication.

Mais ne pas oublier que, tant que les copropriétaires n'élèvent pas de protestation, l'acte juridique est parfait entre les parties : car il exige seulement pour sa formation la tradition qui peut être faite à *non domino*.

Mais le copropriétaire qui ne peut, sans donner naissance au droit de revendication de ses copropriétaires, livrer la chose commune toute entière en gage pourrait-il la donner en restreignant cette mise en gage à sa part ? L'acte juridique peut s'accomplir, mais comme le gage exige la possession matérielle qui ne peut porter seulement sur une part indivise de la chose, ce contrat serait exposé aux mêmes réclamations émanant des autres copropriétaires que le gage constitué sur la totalité de la chose.

4° *Abandon et affranchissement ex parte individuâ.* — Le *jus abutendi* entraîne au profit du propriétaire le droit d'abandonner sa chose, c'est évident, le droit de propriété ne comportant aucune obligation d'agir. Or ce qui est vrai du tout l'est de la partie. Un texte, la loi 3, parag. unique, D., liv. XLI, tit. VII, exprime clairement les raisons plausibles de cette solution : « *An* « *pars pro derelicto haberi possit, quæri solet. Et quidem* « *si in re communi socius partem suam reliquerit, ejus esse* « *desinit : ut hoc sit in parte, quod in toto.* » Ce texte tout affirmatif qu'il soit dans sa solution n'en suppose pas moins une contestation ouverte sur la matière. Le droit à l'abandon n'est en soi guère discutable. Ne serait-ce point une question connexe à laquelle le texte ferait allusion ? Un point seul, qui n'est que la conséquence du principe que nous venons d'énoncer, soulève un doute réel. Quel va être l'effet de cet abandon partiel ? A qui va échoir la part abandonnée ? L'abandon, dira-t-on, n'emporte aucune tradition même à l'égard d'une personne incertaine. La partie abandonnée de l'objet devient, conformément aux principes les plus indiscutés, *res nullius.* Soit, mais encore le fait de la copropriété va-t-il dans ses conséquences se concilier sans dificulté avec la théorie de l'abandon pur et simple portant sur une chose intègre ?

C'est à ce point, croyons-nous, que le texte se réfère

en faisant mention d'une solution restée douteuse. Pour nous, attaché au principe d'ailleurs certain, nous voulons croire qu'une impossibilité de fait absolue peut seule apporter une dérogation à l'application de la règle générale. D'où la part abandonnée sera, autant que l'objet se prêtera à une occupation partielle, susceptible d'être appréhendée par un tiers.

Cette solution posée, il nous faut observer que l'abandon d'une part indivise et l'affranchissement *pro parte* d'un esclave par un mode civil dans le droit classique aboutissent en fait à un résultat analogue à ce que les textes appellent : l'accroissement au profit du copropriétaire.

Qu'entendre au juste par ce mot en la matière ? Au titre *de legatis* on entend par accroissement la réalisation intégrale du droit de l'un des colégataires, réalisation empêchée jusque-là pour partie par la vocation au même droit des autres légataires. L'accroissement a donc pour fondement la vocation personnelle et identique de chaque légataire, pour cause occasionnelle le défaut de l'un des appelés et pour effet le plein exercice du droit par l'un d'eux. L'esclave légué *per vindicationem* à *Titius* et à *Seius conjunctim* ou *disjunctim* sans assignation de part, si Titius le répudie, appartient en totalité à Séius par accroissement [1]. Un autre texte au Digeste nous dit [2] : « Le legs fait à un esclave commun « n'accroît pas à l'un des copropriétaires, si l'autre y « renonce : le legs n'est pas conjoint, il porte sur des

[1] Lib. II, tit. XX, *Inst, de legatis*, parag. 8.
[2] Liv. XXXI, tit. II, D., loi 20.

« parts distinctes » : en effet, poursuit le texte, si les deux copropriétaires faisaient valoir leur droit, chacun bénéficierait du legs dans la proportion du droit qu'il a sur l'esclave.

Ces deux solutions sont explicites : au premier cas il y a accroissement parce que le droit des deux personnes porte sur un objet identique. Au second il n'y a pas accroissement parce que le droit des deux copropriétaires porte sur deux parts distinctes, quoique indivises, d'une même chose, et non sur un objet identique.

L'abandon de sa part par l'un des copropriétaires ne crée pas le *jus accrescendi* au profit des autres copropriétaires. La copropriété ne se prête pas à une application exceptionnelle du droit d'accroissement dans le sens juridique du mot.

Il n'en est pas moins vrai que, l'appréhension matérielle d'une part indivise d'un objet déjà aux mains d'un copropriétaire étant le plus souvent en fait impossible pour un tiers, l'abandon de l'un pourra avoir pour conséquence la possession pleine et libre aux mains de l'autre copropriétaire. L'esclave commun, abandonné par l'un des deux copropriétaires, est à la disposition pleine et entière du titulaire de l'autre moitié du droit et nul autre ne serait admis à prétendre dans une mesure quelconque aux services de l'esclave. Les droits des copropriétaires, quoique portant sur un même objet, sont distincts et s'expriment en parts aliquotes, et, en raison de cette division du droit, rien ne permet de croire que chaque propriétaire ait virtuellement la propriété du tout.

A défaut de vocation à la propriété intégrale constatée, il faut reconnaître que ce résultat analogue aux effets de l'accroissement, et que les auteurs ont parfois désigné du même terme, n'est que la conséquence de l'indivisibilité de la jouissance de l'objet commun. Cet avantage certain que retire le copropriétaire de l'abandon par son associé de sa part indivise, sans que son droit s'en accroisse, n'a rien qui doive nous surprendre, surtout en notre matière.

Un effet analogue se produit en cas d'affranchissement par un mode civil d'un esclave commun par l'un seulement des copropriétaires.

Rien ne se conçoit plus indivisible que la liberté. Un des copropriétaires ne peut à lui seul annihiler les droits de ses copropriétaires ; l'acte d'affranchissement portant sur sa part de droit sur l'esclave, ne saurait créer la liberté pour celui-ci. Au moins en fait pourrait-on croire que cet affranchissement *pro parte* devra entraîner l'abandon du droit du *manumissor* dans la même mesure. Les jurisconsultes romains ne l'ont point admis. Ils n'ont point pensé avec raison que cet acte du copropriétaire fût inspiré par le seul désir de voir l'esclave devenir en fait la chose de son copropriétaire, et ils en ont conclu que, si la solennité de l'acte ne s'y oppose, si l'intention des parties peut, sans blesser les règles formalistes du droit romain, être prise pour base des effets de l'acte, l'affranchissement sera purement et simplement non avenu, et l'esclave restera la propriété commune de tous les ayant-droit. Et pour préciser, l'affranchissement du droit prétorien, *inter amicos*, laissera les choses dans la situation antérieure, tandis que l'affranchissement solennel *vindictâ* a pour effet de détruire le droit du copropriétaire qui l'a accompli et pour conséquence indirecte d'accroître la jouissance matérielle de ses copropriétaires.

Telle est la théorie contenue dans le titre I, parag. 18, des règles d'Ulpien : « *Communem servum unus ex dominis « manumittendo partem suam amittit, eaque adcrescit « socio ; maxime si eo modo manumiserit, plerisque placet « eum nihil egisse.* »

Là encore, les termes prêtent à l'illusion, et pris absolument ils voudraient dire que l'affranchissement *vindicta* par l'un des copropriétaires crée un droit d'accroissement au profit de l'autre. Nous l'avons montré, pour l'esclave plus que pour tout autre objet, la possession est indivisible, d'où le jurisconsulte est plus excusable que jamais de parler d'accroissement. Ce mot ne vise en réalité que les conséquences de cette situation de fait inéluctable. Il n'y a pas d'accroissement parce qu'il n'y a pas pour l'un des copropriétaires vocation à la propriété intégrale de l'esclave.

La jurisprudence ne pouvait manquer d'apporter des remèdes à cette série de solutions aussi peu favorables aux volontés des copropriétaires qu'à l'équité et à la cause de la liberté. Aussi admit-on de bonne heure que le préteur pourrait contraindre les copropriétaires à vendre leurs parts dans l'esclave affranchi par l'un d'eux [1].

Les empereurs chrétiens favorisent les affranchissements. Justinien, s'appuyant sur les constitutions

[1] Delrais, *De la propriété et des servitudes en droit Romain.* L. I. *in fine*, Code, liv. VII. tit. VII ; L. 30, D., *De liber, causâ*, liv. XL, tit. XIII.

émanées de ses prédécesseurs et la tendance de la jurisprudence, obvie à la rigueur excessive de la logique et du formalisme : l'un des copropriétaires d'un esclave pourra seul l'affranchir et en faire un citoyen romain à condition d'indemniser ses copropriétaires de cette expropriation « *libertatis causa.* » (lib. VII, tit. VII, Code.)

5° *Démolition pour reconstruire et reconstruction en cas de démolition accidentelle.* — Voilà certes deux actes qui dépassent les droits découlant de l'administration. Et pourtant il n'est pas douteux qu'il faille les assimiler aux réparations nécessaires et reconnaître à chaque copropriétaire le droit de les passer sans le concours de ses copropriétaires. Et le recours qui lui sera accordé pour se faire indemniser de ses dépenses sera multiple et plus puissant que toutes les voies ouvertes même à un copropriétaire qui a travaillé à la conservation de la chose commune.

Cette solution est certaine et la loi 52, parag. 10, D., liv. XXII, tit. II, en fait foi. Nous devons citer en entier ce long texte : « *Item respondit, socius, qui cessantis cessantiumve portiones insulæ restituerit, quamvis aut sortem cum certis usuris intra quatuor menses, postquam opus refectum erit, recipere potest exigendoque privilegio utetur, aut deinceps propriam rem habebit, potest tamen pro socio agere ad hoc, ut consequatur quod suâ intererat Finge enim, malle eum magis suum consequi, quam dominium insulæ : oratio enim D. Marci idcirco quatuor mensibus finit certas usuras, quia post quatuor dominium dedit.* » Remarquons qu'il constate l'existence de trois mesures exorbitantes destinées à favoriser le copropriétaire qui a reconstruit la maison *(insula)* commune et à le faire rentrer largement dans ses débours. Le premier droit qui lui est reconnu est incontestablement une faveur : les intérêts des sommes dépensées par lui courent de plein droit à son profit depuis l'achèvement des travaux, mais ils ne courront que quatre mois au bout desquels il sera propriétaire unique de la maison reconstruite. Cette expropriation à son profit est la deuxième faveur à lui accordée. Mais encore, comme il peut préférer le remboursement de ses avances à la propriété intégrale de cette maison, on lui ouvre un recours par l'action *pro socio* doublée d'un privilège.

La série de mesures exceptionnelles en faveur du reconstructeur à Rome est longue ; il ne faut donc point s'étonner de la disposition du texte précédent, il faut y voir sans hésitation possible l'affirmation du droit pour un copropriétaire de reconstruire la maison commune sans le concours de ses copropriétaires.

Mais nous devons essayer d'expliquer cette législation spéciale de faveur pour les édifices à Rome et ces dérogations au droit commun. Est-ce par l'amour du luxe ou du confortable que sont inspirées ces dispositions ? N'est-ce point plutôt une trace persistante du caractère sacré du foyer domestique dans les premiers siècles de Rome, tel que l'a décrit M. Fustel de Coulanges [1].

On ne saurait hésiter à chercher l'origine de ces dispositions exceptionnelles dans le deuxième ordre d'idées indiqué. Nous ne trouvons nulle part dans l'histoire de

[1] Fustel de Coulanges, Cité antique, *La famille.*

Rome un mouvement économique correspondant à celui qui dans ce siècle à fait des grandes agglomérations de tous pays des villes tirées au cordeau et modelées sur un type universel.

L'État romain n'avait point songé à garantir la salubrité publique. A peine aux derniers siècles, trouva-t-on utile de formuler cette règle : « N'inhumez et ne brûlez dans la ville aucun mort[1]. » Cette défense tardive elle-même prouve que l'antique usage d'ensevelir ses morts dans l'enceinte sacrée *(erctum)* n'était point oublié des Romains de la décadence. Si donc nous remontons à l'époque classique, nous retrouvons plus vive la dévotion traditionnelle à l'endroit des morts et plus caractéristiques les manifestations de cet attachement pieux au sol qui contient les restes des ancêtres, devenus les dieux protecteurs de la famille.

Cicéron, en quelques mots traduits par M. Fustel de Coulanges [2], exprime ce qu'est pour tout Romain le foyer domestique : « Qu'il y a-t-il de plus sacré que la « demeure de chaque homme ? Là est l'autel ; là brille « le feu sacré ; là sont les choses saintes et la reli- « gion. »

En raison même du fondement que nous donnons à ces mesures de faveur à l'endroit du propriétaire qui reconstruit, nous ne voudrions pas affirmer qu'elles fussent générales à la reconstruction de tous les édifices, quel que soit leur usage. Bien plus, certains textes paraîtraient contradictoires si l'on voulait trouver

[1] Ortolan, t. I, page 214.
[2] Fustel de Coulanges, *Ibidem.*

une législation unique sur la matière. C'est là ce qui nous amène à établir une distinction que des ouvrages récents, à défaut de textes explicites, nous permettent de considérer comme plausible.

Le mot du texte « *insula* » ne paraît pas être au Digeste non plus qu'au Code le terme général sous lequel les Romains englobaient tout ce que nous appelons dans notre langage « maison ». Les termes *ædes, ædificia* sont plus fréquents : il est permis d'en conclure que ces *insulæ* ont une forme particulière et une histoire distincte.

M. Dureau de la Malle[1] s'est attaché à en définir les différentes acceptions. Il nous suffit de constater que le plus généralement l'*insula* comprenait au premier plan un ensemble de boutiques *(tabernæ)* « avec leurs auvents et un bouge pour l'*insularius : taberna cum pergulis suis et cœnacula* », au deuxième plan une cour intérieure *(area)*[2] au centre de laquelle s'élève la « *domus* », habitation plus confortable du riche.

Cette description sommaire admise, il suffit de recueillir les données reçues sur la constitution de la société primitive à Rome pour trouver dans cette *insula* la place qui sied à chacun : le riche patricien et sa famille habitent la *domus ;* dans l'*area* un coin choisi attenant au palais contient les cendres des ancêtres, et tout autour sont rangées les habitations des clients. Ces *tabernæ* forment l'ensemble extérieur de l'*insula*, elles peuvent être indivises entre leurs habitants et c'est

[1] Dureau de la Malle, *Économie politique des Romains.*
[2] Loi 27, parag. I, D., liv. VIII, tit. II.

celui qui de son autorité propre en répare une partie (*portiones insulæ*) qui mérite des législateurs des premiers siècles des privilèges particuliers.

Les règles spéciales édictées en faveur des copropriétaires seuls qui réédifient un ancien foyer en ruine n'ayant d'autre origine que la piété des Romains pour les dieux ensevelis sous le sol de la maison, nous sommes confirmé dans cette pensée qu'elles ne durent pas s'appliquer, du moins au temps de Gaius, aux reconstructions qui n'offrent pas cet intérêt particulier, par le texte suivant sur le mur mitoyen (frag. 8, D., liv. VIII, tit. II) : « *Parietem qui naturali ratione commu-* « *nis est, alterutri vicinorum demoliendi eum, et reficiendi* « *jus non est : quia non solus dominus est.* »

Quoi d'étonnant que la loi, qui dans l'esprit des Romains n'est elle-même qu'une manifestation du pouvoir religieux, accorde des faveurs particulières à qui restaure ou reconstruit l'enceinte sacrée ? Il faut pourtant l'avouer, notre droit de copropriété devait être en désaccord absolu avec le culte romain que nous venons de rappeler. Là encore, l'état de copropriété ne dut être réglementé que comme une nécessité quasi sacrilège qui par le développement des transactions atteignit même le domicile sacré de la famille.

SECTION II

ACTES A CAUSE DE MORT

L'aliénation d'un droit de copropriété opérée par legs, auquel il semble qu'on puisse à cet égard assimiler la donation à cause de mort, nous contraindra à un parallèle avec le droit d'aliéner entre vifs tout ou partie de la chose indivise et à un renvoi général à cette partie de notre étude.

L'idée générale qui domine ce chapitre entier nous dicte à propos des legs les deux questions suivantes : 1° le copropriétaire peut-il seul léguer sa part indivise, et si oui, dans quelle forme ; 2° chaque copropriétaire peut-il léguer la chose commune entière ?

Nous avons posé le principe général sur la première question : tout copropriétaire peut aliéner sa part de droit par tout autre mode que la tradiction, le seul qui déplace *ipso jure* la possession. La règle est la même pour l'aliénation par legs. C'est ce que suppose la loi 66, parag. 1, D., liv. XXXI, tit. I. La discussion que contient ce texte suppose tranchée la question de savoir si le copropriétaire peut léguer sa part indivise et affirme implicitement ce droit à son profit.

Toutes les formes de legs se prêteront-elles à l'exercice de ce droit pour chaque copropriétaire ? Pourquoi non. Le légataire *per vindicationem* de la moitié de l'esclave Stichus revendiquera sa part de droit sur Stichus, et remarquons que pour être une part abstraite, ce sera bien une *pars certa*. L'action personnelle qui naîtra au profit du légataire *per damnationem* sera la sanction de l'obligation engendrée par ce legs et aboutira à une condamnation pécuniaire représentant exactement le droit du légataire. Ces solutions s'appuient sur des fondements certains. La loi 83, D., liv. XXX, titre unique, nous en donne une application curieuse, en nous faisant remarquer implicitement que le legs fait à la même personne par les deux copropriétaires des deux parts indivises de la propriété d'un esclave commun mettra fin à l'état de copropriété. « *Titius Stichi partem tibi* « *legavit, ejusdem Stichi partem Seius tibi legavit : ex* « *utriusque testamento consequeris*[1]. »

Reste la deuxième question : chaque copropriétaire peut-il léguer la chose commune entière ? Ne peut-il valablement léguer que sa part ? Il ressort du texte suivant (frag. 5, pag. 1 et 2, D., liv. XXX, tit. I) que le copropriétaire peut léguer valablement la part de ses copropriétaires. En effet, dans le texte, si on hésite sur le point de savoir si l'esclave Stichus n'appartient pas en entier au légataire, c'est en raison de l'incidente « *qui meus erit quum moriar* » qui peut faire croire que le testateur ne l'aurait pas légué s'il n'avait espéré avoir la propriété intégrale à son décès. Il résulte donc de ce texte cette règle générale : le copropriétaire peut léguer la totalité de l'objet indivis à condition qu'il sache qu'il n'est que copropriétaire. Mais la preuve que le testateur a agi en parfaite connaissance de cause incombe au demandeur, c'est-à-dire au légataire qui requiert la délivrance. L'héritier propriétaire seulement *pro parte* va-t-il pouvoir livrer la totalité de l'objet légué ? Assurément non. Le légataire en dehors de la part de droit

[1] Du légataire d'une part indivise il faut distinguer le légataire partiaire. Tandis que le premier a une part de propriété portant sur la totalité de la chose ou des choses à lui léguées, le deuxième n'est jamais qu'un créancier de la part de l'hérédité qui, d'après les Proculiens pourra exiger sa part en nature, ce qui pourrait donner lieu à la copropriété et d'après les Sabiniens et l'opinion dominante devra se contenter d'un équivalent en argent quand il s'agit de choses indivisibles (Accarias, t. I, parag. 392).

afférente au testateur dont il devient titulaire et possesseur par tradition feinte ou réelle de l'objet *pro parte* recevra en argent l'équivalent des droits des autres copropriétaires. Ces solutions sont contenues en termes explicites dans les *Institutes* (liv. II, tit. XX, p. 4) : « *Non* « *solum autem testatoris vel heredis res, sed etiam aliena* « *legari potest, ita ut heres cogatur redimere eam et præs-* « *tare, vel si non potest redimere, æstimationem ejus* « *dare.* »

Mais nous ne reconnaîtrons plus comme précédemment le droit pour chaque copropriétaire d'user indistinctement du legs *per vindicationem* ou du legs *per damnationem*, s'il veut léguer la chose indivise au delà de la part qui est sienne. Le legs *per damnationem* ne créant qu'une obligation à la charge de ses héritiers, il lui est loisible d'user sans mesure de ce mode. Le legs *per vindicationem*, institution de droit civil, entraînant au profit du légataire une aliénation directe de l'objet légué, le testateur ne peut aliéner que ce qu'il a *ex jure Quiritium*. Les mots suivants de Gaius formulent cette règle : « *Eæ autem solæ res per vindicationem legantur* « *recte, quæ ex jure Quiritium ipsius testatoris sunt.* » Ce caractère rappelé du legs *per vindicationem*, il est à peine besoin de conclure, que le copropriétaire léguant la totalité de la chose commune devrait ne pas user de la formule du legs *per vindicationem.*

Nous nous sommes demandé ce qu'était l'exercice du droit de l'usufruitier d'une part indivise. Rappelons que la constitution d'usufruit s'effectuera le plus souvent par acte à cause de mort. Chaque copropriétaire pourra constituer usufruit sur sa part. Il se servira à son gré des deux formes de legs que nous avons étudiées, mais le legs *per vindicationem* assurera mieux au profit du légataire la jouissance effective de l'objet légué. Un texte déjà cité par nous suppose que le testateur n'a pas recouru à un autre mode : « *Si partis fundi usu-* « *fructus constituatur, potest eo in rem agi, sive vindicet* « *quis usumfructum, sive alii neget.* »

Il est à remarquer que malgré la simplicité apparente de l'acte que nous prévoyons, il complique encore la situation déjà difficile créée par la copropriété. Le droit déjà divisé entre plusieurs mains va encore subir une division dans l'une de ses parties par la séparation de deux éléments du droit de copropriété (la nue-copropriété et le co-usufruit) en deux mains différentes et l'introduction d'un personnage étranger qui puisera dans la constitution d'usufruit à son profit le droit d'être entendu pour l'accomplissement d'une foule d'actes sur la chose commune, sans que pour d'autres l'assentiment du nu-copropriétaire soit devenu négligeable.

Que sera-ce lorsque, nous demandant si chaque copropriétaire peut, en parfaite connaissance de cause, constituer par disposition testamentaire un usufruit, non plus sur sa part indivise mais sur l'intégralité de l'objet commun, nous admettrons qu'il le peut par le legs *per damnationem?* Pourtant le souvenir des règles précitées sur le legs de la chose d'autrui nous impose cette solution. Et, à dire vrai, il n'y a là rien qui nous arrête, car si en fait, l'hypothèse que nous rappelons paraît assez improbable, en droit elle est plus simple. Toutefois en admettant l'affirmative, on doit se demander comment l'héritier devra fournir au légataire la part d'usufruit correspondant aux droits de ses copropriétaires. Il faudra, ce semble une sorte de ventilation du revenu correspondant aux parts des autres copropriétaires.

CHAPITRE II

Actes que les copropriétaires ne peuvent accomplir que réunis

1° *Aliénations.* — Si nous avons établi dans le chapitre précédent que le copropriétaire pouvait vendre c'est-à-dire s'engager contractuellement à livrer la chose commune, sauf condamnation pécuniaire pour défaut d'exécution de son obligation, nous n'avons point entendu dire qu'un seul des copropriétaires eût la puissance d'aliéner la chose commune dans toutes ses parties. Il ne peut le faire en vertu du vieil axiome déjà rappelé : « *Nemo dat quod non habet.* » Il le pourrait encore moins par la *mancipatio et in jure cessio,* qui supposent toutes deux un formalisme extrême et par-dessus tout la propriété intégrale *ex jure Quiritium* de l'objet à aliéner.

L'aliénation, qu'elle soit l'effet d'un contrat consensuel, comme la vente, d'un contrat innommé comme l'échange, ou d'un contrat réel, comme le *mutuum*, suppose donc le concours de tous les ayant-droit, d'après le principe même de la loi 2, parag. 4, D., liv. XII, tit. 1,

« *In mutui datione oportet dominum esse dantem.* » Il semble inutile d'insister sur ce point.

Toutefois en droit français le concours de chacun des copropriétaires pourrait être suppléé par une autorisation, par un mandat, et l'un des copropriétaires pourrait représenter les autres. La solution que nous venons de donner prend une nouvelle force dans cette vérité que la représentation est interdite à Rome, et que les actes juridiques n'engendrent d'effet que dans la personne de ceux qui y ont figuré personnellement. Il est vrai que ce principe subit un tempérament. S'il reste rigoureux pour la *mancipatio et l'in jure cessio*, il souffre une exception en faveur de la tradition « *nihil autem* « *interest, utrum ipse dominus tradat alicui rem, an volun-* « *tate ejus alius.* » (Inst., liv. II, t. I, parag. 42.)

Le *mutuum* semble en ce que l'un de ses éléments constitutifs, la numération des espèces, équivaut à l'acte matériel de la tradition d'un corps certain, devoir être considéré comme pouvant être passé pour la totalité de la somme et au nom de tous les copropriétaires par l'un seulement d'entre eux, à la condition toutefois que le copropriétaire prêteur de la somme totale ait reçu pouvoir de ses copropriétaires. Si non, il a eu beau compter les espèces à l'emprunteur, il n'a pu aliéner que sa part, car il n'avait point qualité pour aliéner celle de ses copropriétaires, et c'est en ce sens que nous venons de voir se prononcer la loi 2, parag. 4, D., liv. XII, tit. I. Si donc le copropriétaire a prêté la somme totale, il ne sera prêteur que pour sa part et ne pourra agir *ex mutuo* que dans cette mesure. Toutefois responsable envers ses copropriétaires de son fait, il pourra sans aucun doute rentrer dans ses fonds pour la somme équivalente au droit de ses copropriétaires non point *ex mutuo*, mais bien par une *condictio sine causâ*. Peut-être cependant faudrait-il admettre la rétrovalidation du contrat par consentement ultérieur des copropriétaires, ou par la consommation des écus qui ont fait l'objet du *mutuum* ?

2° *Affranchissements*. — Cet acte, en raison de sa nature, déroge aux règles générales qui régissent les droits des copropriétaires sur la chose commune. Nous avons déjà constaté l'existence de règles spéciales à l'affranchissement des esclaves en matière de copropriété. Jusqu'à Justinien, l'affranchissement par l'un des copropriétaires seul *pro parte suâ* laisse en servitude l'esclave qui en est l'objet. Ce qui prouve que l'affranchissement n'est pas une aliénation, car on sait que le copropriétaire peut aliéner sa part de l'esclave commun.

Cette première solution exceptionnelle laisse pressentir qu'on ne saurait manquer d'exiger le concours de tous les copropriétaires pour l'affranchissement de l'esclave. A cela plusieurs motifs : si, en raison d'une impossibilité de fait, il est vrai qu'un copropriétaire ne peut changer la situation de l'esclave dans la mesure de son droit de propriété, à *fortiori* ne pourra-t-il excéder ses droits et exercer ceux des autres au point de les annuler? En outre il est évident que les modes d'affranchissement du droit civil ne sauraient se concilier avec le principe de la représentation.

On se rappelle que notre règle absolue en matière

d'affranchissement cessa d'être en vigueur au Bas Empire, lorsque Justinien accorda expressément le droit d'affranchissement à chaque copropriétaire, fixant minutieusement lui-même, d'après les différentes catégories d'esclaves, l'indemnité à accorder aux copropriétaires expropriés.

3° *Constitution de servitudes prédiales.* — La servitude prédiale emportant au profit du propriétaire du fonds dominant le droit de faire ou de ne pas faire un acte matériel sur le fonds servant, on ne conçoit pas l'exécution de cet acte sur une part abstraite du fonds servant. Un copropriétaire ne peut donc constituer sur le fonds commun une servitude prédiale *pro parte*. Il ne pourra pas davantage constituer à lui seul cette servitude sur la totalité du fonds commun, car ce serait aliéner une part du droit de ses copropriétaires, ce qu'il ne peut faire pas plus qu'il ne pourrait accepter au profit du fonds commun une servitude portant sur un fonds voisin; car, nous l'avons dit, un droit réel ne s'acquiert pas par représentation en droit romain.

Pour la constitution d'une servitude prédiale au profit aussi bien qu'à la charge du fonds commun, il faut le concours de tous les copropriétaires. « *Unus ex* « *dominis communium ædium servitutem imponere non* « *potest* » dit la loi 2, D., liv. VIII, tit. I.

C'est avec cette rigueur que l'entend le jurisconsulte allemand Hoffmann[1] « *Pro parte indivisâ servitus neque* « *acquiri neque amitti potest, sed necesse est toti fundo*

[1] Augusti Hoffmann, *De jure individuarum tractatio methodica.*

« *constitui et acquiri, vel nulli ejus parti. Non potest* « *igitur ab uno ex dominis vel sociis fundo communi ser-* « *vitus imponi quia servitutem nemo imponere potest nisi* « *qui prædii dominus simpliciter, sed tantum secundum* « *quid, videlicet respectu partis suæ pro indiviso, servi-* « *tutis autem fibræ per totum fundum et omnes glebas ejus* « *serpunt.* »

Cette règle fut-elle toujours aussi absolue que ses termes le laisseraient supposer ? Rappeler en quelques mots l'évolution du droit romain sur les modes constitutifs des servitudes suffit à écarter une interprétation littérale des textes. Entre vifs, les servitudes prédiales s'établissent *jure civili* entre personnes romaines et sur des fonds romains, soit par *l'in jure cessio* soit par la *mancipatio*. Pendant longtemps ces modes civils furent seuls possibles pour la constitution des servitudes. Si donc dans les rapports entre pérégrins et sur des fonds non romains il s'agissait d'établir une servitude prédiale, il fallait recouvrir à une voie détournée : le propriétaire du fonds qui allait devenir dominant stipulait du propriétaire voisin à titre de peine *(stipulatio pœnæ)* une somme d'argent qui devait l'indemniser si, contrairement à la convention passée sous forme accessoire, le propriétaire du fonds servant mettait obstacle au libre exercice de la servitude consentie au profit du propriétaire voisin. La servitude était constituée *pactis et stipulationibus.*

C'était un biais qui, croyons-nous, se prêtait à la constitution d'une servitude prédiale sur le fonds indivis par un seul des copropriétaires.

Et le juriste Hoffmann revient lui-même, par une

distinction sur les principes absolus qu'il a posés et il entend bien que ces atténuations à leur rigueur sont l'effet des pactes et stipulations. Si la servitude est constituée par un des associés, dit-il « *pro se et pro parte* « *suâ ex indiviso* » la constitution demeure sans effet, parce que la servitude ne saurait porter seulement sur une part indivise, sans que les autres copropriétaires aient à en subir eux-mêmes les charges. Si la servitude est constituée « *pro toto communi fundo* » elle n'est vraiment constituée que du jour de la confirmation de l'acte par les autres copropriétaires, mais cette confirmation équivaut au concours simultané des copropriétaires à l'acte de constitution « *secundo casu concessio etiam quoad* « *ipsum jus servitutis non est prorsus inutilis, ut probat* « *Textus, in l. ult. ff. com. præd. nec obstrat l.* 19, *ff.* « *com. præd. in quâ Paulus inutilem dicit illam stipula-* « *tionem; donec omnes domini fundi servituri cedant et* « *constituant, quo casu ex novisino actu superiores confir-* « *mantur et perinde est, ac si eodem tempore omnes cessi-* « *sent.* » Il ajoute que le consentement purement tacite des autres copropriétaires, ou même leur silence en présence de la passation de l'acte rend valable la constitution d'une servitude par un seul d'entre eux.

Celui-ci ne s'engage qu'à indemniser à ses seuls dépens en cas d'entraves mis à l'exercice de la servitude par le fait des autres copropriétaires. On fut plus loin : on admit que les servitudes seraient susceptibles de possession et de tradition, comme les choses corporelles, mais en raison de différences tenant au caractère des servitudes, l'exercice d'une servitude et sa transmission sans forme furent appelés quasi-possession et quasi-tradition. Quoi qu'il en soit, les règles prétoriennes de la tradition furent étendues à la constitution des servitudes et ce nouveau mode se prêta aux agissements de l'un des copropriétaires à l'égard des servitudes dans la même mesure qu'à l'égard des choses corporelles indivises. Aussi de ce jour n'est-il plus vrai absolument d'affirmer que le concours simultané de tous est nécesssaire pour constituer une servitude sur ou au profit d'un fonds commun.

Si tous les copropriétaires du fonds commun ont donné mission à l'un d'eux de faire ou de recevoir tradition, ils sont censés avoir effectué ou reçu eux-mêmes la tradition et par conséquent avoir agi simultanément. Quelle raison y aurait-il en matière de servitude à écarter cette règle générale en matière de transmission de propriété? Les textes qui déclarent que l'un des communistes ne peut acquérir ou constituer une servitude s'expliquent en supposant que le communiste agit seul sans aucune mission de ses copropriétaires, puisque ces mêmes textes ne mentionnent pas cette circonstance spéciale et importante. La représentation à Rome n'existe pas même en matière de tradition, mais quand les mandants ont eux-mêmes l'*animus domini*, connaissent le fait, l'ont voulu, le *corpus* peut se réaliser en la personne d'un tiers.

Disons donc, conformément à ces principes que avec l'assentiment de ses copropriétaires l'un d'eux pourra par quasi-tradition constituer une servitude prédiale au nom de tous sur le fonds commun.

4° Conversion d'une res humani juris en res divini juris.

— Le cas visé par les textes est surtout celui où un terrain est rendu religieux par le dépôt d'un mort opéré par le propriétaire du sol. Par cet acte le propriétaire transforme sa chose ; sa propriété change de nature. « Les terrains religieux, retirés comme les choses « sacrées du commerce des hommes, ne pouvaient être « ni vendus, ni donnés, ni acquis par l'usage » dit M. Ortolan[1].

M. Fustel de Coulanges proteste avec plus d'énergie encore contre la copropriété possible d'un tombeau. Que cette « promiscuité » des cadavres dût répugner aux mœurs romaines, il est impossible d'en douter, et la législation de toutes les époques porte à des degrés divers l'empreinte de cette répugnance. Il n'en est pas moins vrai, que, à en juger par de nombreux textes, la question se posa souvent de savoir si un mort pouvait être déposé dans un sol indivis. Et certes, la question n'a pas été sans souffrir de longues incertitudes et une profonde transformation.

En signalant au début de ce travail certains objets qui en raison de leurs caractères se dérobent à l'application des lois générales en matière de copropriété, nous n'avons point omis le tombeau de famille. Nous avons marqué sa place dans l'*area*. Il renferme les restes des ancêtres et il serait impie d'en ouvrir l'entrée au corps d'un étranger. De nombreux auteurs affirment cette tradition : « *Mortuum extra gentem inferri fas negant* » dit Cicéron[2]. Pour ces motifs, le droit du chef sur le tombeau de famille mérite une protection plus

[1] Ortolan, *Institutes de Justinien*, t. I.
[2] Cicéron, *De legibus*, II, 22 ; Ovide, Tristes IV, 3, 45.

énergique encore que son droit de propriété sur tout autre objet. Aussi ne faut-il pas s'étonner de voir les droits des copropriétaires d'un tombeau subir dans leur excercice d'importantes entraves ?

Mais la tradition, dont nous avons signalé la trace, si elle ne s'effaça pas, dut céder devant les obstacles qu'aurait présentés son rigorisme. Aussi nous voyons les jurisconsultes du temps d'Ulpien et de Papinien se demander quel sera l'effet de la copropriété d'un tombeau. Les solutions sont loin d'être unanimes et la théorie est peu facile à fixer en la matière. Un texte nous donne lui-même les raisons qui rendent ce sujet obscur. « Par mesure d'utilité publique, dit Papinien, « pour que les cadavres ne gisent pas sans sépulture, « nous rejetons l'application des règles de droit pur, « souvent obscures dans les questions religieuses ; une « raison supérieure peut seule dicter les mesures con- « traires à la tradition religieuse. »

A côté de cette législation nouvelle qui va former le droit commun, la tradition religieuse semble pourtant avoir survécue : les défunts de deux familles ne peuvent reposer dans une tombe commune. Le tombeau vide est-il dans un sol indivis ? Sans doute, chaque copropriétaire a le droit plein et entier (*in solidum*) d'y inhumer un des siens. Ce sont les termes de la loi 6, parag. 6, D., liv. X, t. III, qui donnne ensuite une action *in factum* aux copropriétaires lésés par cette inhumation. C'est, a-t-on pensé, que ceux-ci ne peuvent, à leur tour, inhumer un des leurs au même endroit. L'exercice du droit de l'un a éteint le droit des autres et en compensation on leur accorde une indemnité.

A cette question s'en joint une autre qui se rattache

surtout à cette partie de notre étude en ce qu'elle est une des manifestations de l'*abusus* : chaque copropriétaire peut-il à son gré rendre religieux un fonds commun? Ce serait exercer à son profit exclusif le *jus abutendi*, l'endroit de l'inhumation étant ainsi rendu inviolable pour tout autre copropriétaire.

Les jurisconsultes romains, si attachés d'ordinaire aux conséquences du principe admis, se montrèrent ici faciles à satisfaire l'intérêt publique aux dépens des antiques usages. Le droit fut reconnu au copropriétaire d'ensevelir de son propre mouvement un membre de sa famille dans un fonds commun ; autrement dit, il put en pareille occurrence rendre religieuse cette partie du fonds indivis. Toute résistance des autres copropriétaires était vaincue par l'interdit de *mortuo inferendo*. En raison de son droit exorbitant une indemnité est dûe par le copropriétaire qui a empiété sur le droit des autres, et c'est raisonnable. (Loi 43, D., liv. XI, tit. VII.)

Les textes vont plus loin encore dans cette voie exceptionnelle. Le corps d'un étranger pourra être enseveli dans un sol indivis sur l'initiative de l'un des copropriétaires : l'utilité publique l'exige. Néanmoins le consentement de tous devra être préalablement requis et obtenu.

Telle paraît être la théorie ébauchée dans les textes et qui sous son dernier aspect fut inspirée par des vues peu communes dans la législation romaine.

3° *Actes matériels.* — La manifestation de l'*abusus* qui se présente d'abord à l'esprit est la destruction matérielle de l'objet. Tout propriétaire peut détruire l'objet qu'il possède : c'est un attribut de son droit de propriété. Le copropriétaire peut-il anéantir matériellement l'objet dans la proportion de son droit ? La notion pure du droit de propriété et l'assimilation que nous avons faite dans le principe entre les droits des pleins propriétaires et des copropriétaires dicteraient une réponse affirmative, s'il n'était inconcevable qu'une part indivise fut matériellement détruite sans que les autres parties de l'objet fussent également anéanties. Or ce droit pour le copropriétaire de faire de sa chose ce qu'il veut s'évanouit en face de l'obligation plus puissante de respecter les droits des tiers. D'où il faut conclure que, hormis l'abandon par le copropriétaire de sa part indivise et sous les réserves faites précédemment, tout acte aboutissant à la destruction matérielle de la chose indivise lui est interdit.

En somme, le maintien du *statu quo* auquel sont astreints les propriétaires de fonds voisins à l'égard des actes qui ne peuvent être passés sans léser le droit d'autrui reste une loi fondamentale dans les rapports des copropriétaires entre eux. C'est ce qu'exprime M. Detrais[1] en affirmant que la copropriété n'altère pas en principe les règles de la propriété. « Vis-à-vis des « tiers, dit-il, les copropriétaires ne comptent que « comme un seul maître..., *ego et socius meus... unius* « *loco habemur* (loi 4, parag. 7, D., *Fin. reg.*, X, 1)... « Entre eux ils sont parfaitement indépendants les uns

[1] Detrais, *De la propriété et des servitudes en droit romain.*

« des autres à condition de respecter le droit de cha-
« cun. »

Le respect du droit de chacun, dans les différentes hypothèses que nous avons envisagées, a commandé aux principes généraux du droit de propriété de se plier aux exigences des faits et de subir quelques dérogations à leurs conséquences rigoristes. C'est qu'on ne saurait en concevoir l'application stricte et absolue en face d'un état qui n'est autre que la division et la restriction de ce droit primordial.

DROIT FRANÇAIS

Le métayage étudié dans son histoire et ses éléments juridiques d'après sa pratique dans le Craonnais.

INTRODUCTION

Le partage proportionnel des fruits du sol entre le propriétaire et l'exploitant s'est imposé à différentes époques et presque chez tous les peuples civilisés, ici comme moyen nécessaire, là comme procédé utile, pour assurer la perception de la rente foncière. La France, qui, d'après le dire unanime, a vécu et vit de son agriculture, plus que de toute autre industrie, présente dans le cours de sa longue histoire des applications nombreuses et variées de ce système d'amodiation du sol. De nos jours, ce contrat qui sembla ne mériter à ses différents âges que le silence du législateur ou bien encore le mépris avoué des économistes, vient d'être l'objet d'une disposition législative et paraît avoir triomphé du dédain des hommes de science.

Rechercher les influences, tant historiques que rationnelles qui ont présidé à sa naissance et à son développement en France, interroger les documents de l'histoire sur les transformations successives que les besoins de chaque siècle durent lui faire subir, envisager les effets produits sur la tenure à moitié par les secousses, tant économiques que sociales, qui assaillent sous des aspects divers les différentes époques, puiser enfin dans une législation récente l'étude des caractères juridiques du contrat moderne : telle est la tâche qui a tenté nos efforts.

Il nous eût été difficile d'apporter avec précision une solution aux différents problèmes que nous venons d'énumérer, si nous avions dû tenir compte de la pratique générale du métayage en France. Ce contrat, n'ayant eu jusqu'ici d'autres bases que l'usage, ensemble des conventions les plus fréquentes sur un territoire restreint, a dû se plier aux diverses tendances locales dans ses éléments constitutifs eux-mêmes, subir toutes les modifications qu'entraînent les différences dans l'origine, le caractère et les rapports des contractants, dans la productivité du sol et la nature des produits, dans la facilité des débouchés et les aptitudes commerciales d'une contrée. Dans son rapport [1] à la Chambre

[1] Séance du 14 juin 1888, *Journal officiel* du 27 juillet 1888.

des députés, M. Million emprunte cette remarque à M. le sénateur Halgan, qui, en sus de son autorité personnelle, invoquait lui-même l'opinion de tous les agriculteurs expérimentés pour affirmer que « le colonage « est un mode d'exploiter qui est absolument différent « suivant la contrée et suivant la terre sur laquelle a « lieu l'exploitation ».

Il nous a paru dangereux de nous placer en face d'une pratique aux aspects multiples, sur un terrain à la fois trop vaste et trop accidenté, où l'équivoque eût été un écueil redoutable dans l'exposé des formes successives que revêt le contrat de métayage au cours des siècles aussi bien que dans l'étude des éléments du contrat moderne.

Il nous fallait des données simples pour juger sainement. Il nous fallait un exemple d'application du métayage dans une contrée restreinte, où notre contrat ait dès longtemps imprimé ses traces, où sa vitalité, sans contredire les conditions essentielles du contrat, soit indiscutable, où sa pratique usuelle fût en harmonie avec les progrès de l'agriculture et les lois de l'économie rurale. Avec la bienveillante approbation de nos maîtres, nous avons choisi, comme guide dans notre étude, la pratique du métayage dans le Craonnais. Nous nous autorisons de la parole de M. de Tourdonnet dans son rapport sur l'enquête de 1882, pour considérer ce petit coin de France comme présentant le mieux les données qui doivent servir de base à notre étude.

D'après le dernier tableau de la statistique officielle, dit-il, nous voyons qu'il y a dans la Mayenne : « 38,000 exploitations, sur lesquelles 18,500 sont affer-

« mées, 9,500 sont gérées directement, 9,900 sont soumises au métayage, de sorte qu'actuellement le métayage est au fermage dans la proportion de 53 à 100.
« Mais il faut remarquer que le département de la « Mayenne se divise en deux parties distinctes : l'une, « celle du nord, présente un caractère dont nous n'avons « pas à nous occuper ; l'autre, celle du sud, qui com- « prend l'arrondissement de Château-Gontier, et partie « de celui de Laval, se rapproche beaucoup, quant à la « nature du sol et des cultures, de l'Anjou dont elle est « limitrophe. *C'est là que sont en grand nombre les métai- « ries, c'est là dans tous les cas que le métayage est le plus « avancé à tous les points de vue et qu'il faut l'étudier.* »

Cet arrondissement de Château-Gontier et la partie limitrophe de l'Anjou, qui n'est autre que l'arrondissement de Segré, où M. de Tourdonnet a constaté le plus grand développement agricole par le métayage, sont précisément les nouvelles divisions territoriales, qui enclosent la vieille baronnie de Craon, conservant aujourd'hui encore son homogénéité sous le nom de Craonnais.

De plus, une étude de M. Le Breton [1], répondant au canevas tracé en vue du concours de 1881 par la Société des Agriculteurs de France, résume avec la plus grande précision les avantages économiques du métayage dans une contrée voisine. Ce trop court travail qui valut la plus haute récompense à son auteur, décrit notamment la pratique courante du métayage dans la Mayenne, à

[1] M. Le Breton, *Étude sur le métayage dans la Mayenne*, Annuaire de la Société des Agriculteurs de France, année 1881, tome XII.

l'aide de la monographie d'une métairie de l'arrondissement de Laval.

La crise qui a plus particulièrement frappé l'agriculture depuis 1882 a sensiblement fait accroître le nombre des exploitations soumises au colonat partiaire, dans le Craonnais comme dans les autres pays de métayage ; et nul ne nous contredirait si nous affirmions qu'à l'extension de ce système d'amodiation, en même temps qu'à la création et à l'influence croissante des différentes associations agricoles, particulièrement des syndicats de la Mayenne et de Maine-et-Loire qui ont trouvé un terrain merveilleusement préparé par le métayage, a correspondu un merveilleux progrès dans l'industrie agricole. Voilà qui expliquerait pourquoi, à l'exemple et sur l'incitation d'agronomes distingués, la pratique du métayage dans ces deux arrondissements puisse être choisie comme le type le plus parfait du contrat que nous nous proposons d'étudier.

La description des différents aspects de la culture locale n'entrant pas dans le cadre de ce travail, nous nous bornerons à fixer au passage les quelques observations de fait nécessaires à l'intelligence du sujet.

PREMIÈRE PARTIE

HISTORIQUE DU MÉTAYAGE

CHAPITRE PREMIER

Origine du métayage en France et ses caractères pendant la première partie du moyen âge.

Qu'on ait voulu venger le contrat de colonat partiaire du long silence qui a longtemps entouré sa pratique ou bien que l'attrait seul des fouilles dans le passé ait été le provocateur, des auteurs récents se sont plu à constater l'existence des tenures analogues au métayage chez les différents peuples de l'antiquité [1]. Le peuple romain lui-même qui, malgré les incitations pressantes de ses poètes, se voua aussi peu à la culture du sol qu'il

[1] Rerolle, *Du colonat partiaire et spécialement du métayage.*

sut peu honorer le travail en général, connut et pratiqua le colonat partiaire à différentes époques et sous des formes diverses. On peut se demander si notre contrat moderne de métayage se relie au colonat partiaire des Romains sans discontinuité ou bien si l'idée d'exploitation du fonds par autrui à charge d'un partage de fruits et sans participation au droit sur le fonds lui-même est inconciliable, comme nous le pensons, avec la conception des droits réels aux premiers siècles de notre histoire. Toujours est-il que nous retrouvons ce contrat usuel dans tout le midi de l'Europe au cours des derniers siècles. Comment expliquer cette perpétuité ou mieux cette réapparition périodique, si ce n'est par une même nécessité se présentant à des heures différentes sous des causes économiques analogues [1].

Quelles sont donc les influences économiques et sociales agissant sur la formation du contrat de colonat partiaire ? L'étude de son origine, dans la France entière et de son développement dans le Craonnais nous dictera cette réponse : Dans un pays régulièrement constitué, tendant tout au moins à sortir des premières étapes de sa formation et à se dégager des entraves de la servitude, d'une population assez dense pour nécessiter la mise en culture de la plus grande partie du sol, le métayage s'impose à divers degrés, soit pour entreprendre, soit pour maintenir, soit même, d'après une opinion en

[1] Les auteurs Italiens, Poggi (*Cenui storici dette legi d'agricoltura*), et Bartagnolli (*La colonia Parziaria*) s'accordent à voir l'origine du métayage dans la nécessité imposée par l'état social et par l'économie naturelle, plutôt que dans la permanence d'une loi ou d'un usage.

cours, dans l'économie rurale actuelle, pour étendre et améliorer la culture des terres.

On en chercherait en vain la mention dans César et dans Tacite. La cession d'une part dans la jouissance du fonds à charge de travail ne peut se concevoir chez ces peuples nomades comme les Germains qui ne connaissent que l'appropriation successive et l'occupation libre du sol. Bien loin de se concilier avec l'esclavage des anciens et de perpétuer une trace du servage du moyen âge, comme voulaient le croire les jurisconsultes de la Révolution souvent timorés à l'endroit de tout ce qui portait l'étiquette de l'arrière saison, le colonat partiaire n'a point place dans ces sociétés primitives où la force fait loi, comme dans la Gaule au temps de César[1]. Le partage proportionnel des fruits entre le propriétaire et l'exploitant suppose une entente libre entre l'un et l'autre, — la propriété et ses lois primordiales sanctionnées par le droit, — l'intérêt personnel évident pour les parties à la mise en culture du sol, — la possibilité de vendre ou d'échanger les produits, le propriétaire étant le plus souvent dans l'impossibilité de fait de consommer sa part en nature. Rationnellement nous sommes amené à pressentir qu'un état social présentant un certain développement économique et jouissant au moins d'un embryon de liberté peut seul présider à l'éclosion du colonat partiaire.

[1] Cesar. *De bello gallico*, VI, 13. « *Plebs pene servorum habetur loco,* « *quæ per se nihil audet et nulli adhibetur concilio. Plerique quidem* « *aut ære alieno, aut magnitudine tributorum, aut injuria potentiorum* « *premuntur, sese in servitutem dicant nobilibus. In hos eadem omnia* « *sunt jura quæ dominis in servos.* »

Nous n'entendons pas par là que le contrat de bail à portion de fruits ait toujours été considéré par ceux qui l'ont mis en œuvre comme un système progressiste d'amodiation du sol. Certes les Romains qui le connurent, mais le pratiquèrent peu, n'y furent point amenés par le désir d'accroître le rendement des terres. Pline [1], moins dédaigneux des choses de l'agriculture que nombre de ses concitoyens, paraît ne donner sa préférence au métayage qu'en raison des difficultés auxquelles il se heurte quand il se met en quête de fermiers solvables. Le métayage est pour lui un remède efficace, mais, qu'on veuille bien le remarquer, nous sommes sous le règne libéral du prince [2], dont Pline lui-même traça l'éloge pompeux, et sur les bords fertiles du lac de Côme ; le propriétaire, de qui il tient ces terres, par lui nouvellement acquises, a vidé la bourse de ses fermiers qui ont eux-même épuisé le sol, et, situation presque invraisemblable, tant elle est exceptionnelle dans l'Empire, il n'y a pas dans ces provinces de la Gaule Cisalpine d'esclaves pour remplacer les colons « libres, mais ruinés : « *Sunt ergò instruendi complures* « *frugi mancipes : nam nec ipse usquàm vinctos habeo, nec* « *ibi quisquam.* »

Il ne semble pas, à en juger par le silence des agronomes contemporains de Pline, que le colonat partiaire ait trouvé faveur dans les autres parties de l'Empire. L'esclavage suffisait à lui barrer le chemin en même temps que par son accroissement il ruinait l'agriculture et conduisait l'État à la chute.

[1] Lettre 19, livre III.
[2] Trajan.

Que dans le nord de l'Italie le métayage ait résisté longtemps à l'exploitation servile dont l'extension fut si néfaste, qu'il ait survécu à la division de l'Empire romain, il y a lieu d'en douter. Certains textes du Code [1] de Justinien prévoient, il est vrai, le paiement des redevances en nature. La loi 5, au Code, livre XI, titre XLVII, va jusqu'à interdire aux propriétaires d'exiger un paiement en espèces : « *Domini prædiorum* « *id, quod terra præstat, accipiant, pecuniam non requi-* « *rant, quam rustici optare non audent, nisi consuetudo* « *prædii hoc exigat.* »

Mais ce texte fort clair ne mentionne que le droit pour le tenancier de payer le fermage en nature. Quel est le caractère de cette redevance? Est-elle fixe? Est-elle proportionnelle? En un mot sommes-nous en face d'un signe caractéristique du colonat partiaire ou bien d'un fermage dont le prix peut être au gré du fermier payé en argent ou en denrées [2]? Cette dernière solution offre assez de vraisemblance pour que nous la considérions comme seule vraie. Les termes de la loi prouvent clairement qu'il n'y a point là une convention librement intervenue entre propriétaires et colons. Le législateur semble même supposer le droit préexistant pour le propriétaire d'exiger un fermage fixe : il intervient, il modifie les effets de la convention au détriment du propriétaire en le forçant d'accepter en nature

[1] Loi 5, *Valent, et Valens ad Oricum*, Code, livre XI, titre XLVII.
Loi 8, *ad Probum*, Code, livre XI, titre XLVII.
Loi 20, frag. 2, Justinien, *ibidem*.

[2] Est. Pasquier (*Recherches sur l'Histoire de France*), semble avoir vu dans ce texte une application du colonat partiaire.

l'équivalent du prix de ferme. Rien n'autorise à croire à un partage proportionnel dont il n'est pas fait mention dans le texte, il est logique au contraire de penser qu'une estimation devait intervenir pour fixer l'équivalent en fruits de la rente en argent.

Le rôle qu'assume le législateur dans ces textes, les exceptions exorbitantes à la liberté des conventions, les prohibitions vexatoires accumulées dans toutes les dispositions du titre XLVII prouvent surabondamment que les empereurs n'ont eu d'autre but, en changeant le loi des parties, que d'assurer les revenus du fisc. La protection légale aux fermiers ne tend qu'à rendre ceux-ci plus dociles aux exigences des « *conductores* « *agrorum fiscalium,* » ou des « *procuratores Cæsaris* [1] » et l'ingérence de l'État dans la réglementation des contrats entre particuliers paraît n'être qu'un moyen de dissimuler ses propres exactions. M. Wallon fait remarquer que sous l'Empire du droit théodosien, l'État est, pour ainsi dire, le seul propriétaire foncier : en raison des énormes concessions de terres faites par lui, il impose le partage des fruits, déguisement d'un impôt excessif. « Les propriétaires ne sont plus que les « fermiers de l'État, dit-il [2]. Le tribut territorial, étendu « partout, est leur commune redevance. » L'État s'ingénie à trouver des ressources ; après la distribution du

[1] Esmein, *Mélanges d'histoire du droit et de critique.*

[2] Wallon, *Histoire de l'esclavage,* t. III, ch. VII. — M. Glasson, *Histoire des institutions politiques de la France,* t. I, ch. IV, exprime la même idée en ces termes : « Les Romains ne comprenaient l'impôt « foncier qu'à titre de redevances dues par un concessionnaire au « propriétaire. »

sol il enjoint et règlemente le travail. L'exploitation des terres n'était pas libre, elle ne pouvait s'effectuer par un contrat libre qui, au dire de Gaius, n'est qu'une forme de la société [1].

Le colonat du Bas-Empire, esclavage mitigé qui lie la personne au maître en la rendant inséparable du sol, est inconciliable dans son principe avec le contrat libre de métayage, tel que l'a défini Gaius. Nous ne saurions pourtant nier que certains rescrits des empereurs, d'une libéralité relative et exceptionnelle, ont pu laisser place à l'application d'un réel contrat de métayage, prenant fin par la volonté libre des colons ayant préalablement satisfait à toutes les charges à eux imposées par ce que la loi 8, Code, liv. XI, tit. LXVII, déclare être un contrat privé [2].

Il importait avant tout de signaler ces textes, tant de Gaius, que des empereurs, car quelle que soit leur portée dans l'histoire du colonat partiaire dans l'Empire romain, sans nul doute ils ont exercé une influence directe sur le développement du métayage en France. On peut même ajouter que la législation byzantine a, sous l'empire des nécessités sociales, contribué pour

[1] Frag. 25, parag. 6, Gaius, Dig., liv. XIX, tit. II : « *Partiarius* « *colonus, quasi societatis jure, et lucrum et damnum cum domino* « *fundi partitur.* »

[2] *Cæterum si occultato eo profugi, quod alieni esse viderentur, quasi sui arbritii ac liberi apud aliquem se collocaverunt aut excolentes terras, partem fructuum pro solo debitam dominis præstiterunt, cætera proprio peculio reservantes, vel quibuscumque operis impensis mercedem placitam consecuti sunt, ab ipsis profugis quæcumque debentur, exi-* « *gentur : nam manifestum est privatum jam esse contractum.* (Loi 8, Code, livre XI, tit. LXVII.)

une large part à la réapparition du colonat partiaire au moyen âge, car, comme l'a dit Hugo dans un aphorisme également vrai au regard de toutes les institutions : « le moyen âge est enté sur le Bas-Empire[1]. »

Il faut renoncer à la vision claire de ce que purent être dans la période franque les vestiges du contrat romain ou le germe de cette institution dans la société nouvelle. Encore que les émigrants de Rome en Gaule, après la conquête, eussent gardé le souvenir du colonat partiaire[2], ne serait-on pas tenté de croire que l'invasion des barbares dût faire oublier la pratique du colonat partiaire romain, surtout si l'on se retrace les luttes et les misères que dut faire surgir la formation de cette société par des éléments disparates, — la fusion lente des races et l'influence des lois barbares étrangères à notre contrat, — enfin la tendance des lois à recevoir une application territoriale, c'est-à-dire commune à toutes les personnes habitant un même territoire, quelles que soient les différences d'origine ?

Toutefois ce passage de la loi des Burgondes[3] affirmant qu'à l'invasion des barbares les propriétaires romains ne furent pas totalement dépouillés, donne à penser que le contrat romain de colonat partiaire pouvait encore à l'époque franque avoir laissé quelques traces. « *De Romanis vero hoc ordinavimus, ut non am-*

[1] V. Hugo. Préface de *Cromwell.*

[2] Fustel de Coulanges, *Histoire des institutions politiques de la France,* t. I, chap. IV, page 459, note 4.

[3] Loi des Burgondes, add. II, parag. 11.

La loi de Visigoths (X, 1, 8) mentionne un partage des terres entre Romains et Visigoths.

« *plius a Burgondionibus, qui infra venerunt, requiratur* « *quam ad præsens necessitas fuerit, medietas terræ. Alia* « *vero medietas cum integritate mancipiorum a Romanis* « *teneatur, nec exinde ullam violentiam patiantur.* »

Sous les Mérovingiens, mêmes ténèbres et même incertitude. La connaissance que nous avons de certains contrats pratiqués à cette époque nous pousse à croire à l'inexistence de toute convention rappelant les principes élémentaires du métayage. Parmi les contrats d'alors, apparaît au premier rang le précaire (*precaria* ou *prestaria*). C'est une des formes de la recommandation, contrat sur lequel, au dire de M. Garsonnet[1], « la « condition des personnes et du droit de propriété repose en partie du ve au xe siècle. »

La recommandation est en somme la mise en tutelle des faibles sous la main des plus forts — seigneurs ou abbés. Près des premiers, la recommandation et les concessions de bénéfice par l'autorité royale formèrent le fief seigneurial. Pour les puissants des premières races, les services personnels et la soumission des humbles avaient d'autres attraits que les soucis de l'agriculture. — Aux mains des abbayes, cette protection se traduisit par le précaire[2]. Par ce contrat le donateur se réserve la jouissance pendant sa vie durant laquelle il promet un cens à l'abbaye. Les actes ne disent pas la nature de ce cens. Il n'y a pas lieu de croire que ce fût une part proportionnelle des fruits. Ces recommandés

[1] Garsonnet, *Histoire des locations perpétuelles*, chap. II, 2e partie.
[2] *Recueil général des formules*, de M. de Rozières, t. I.

d'ailleurs allaient chercher à l'abri des monastères la paix et le droit de vivre sans grands soucis [1].

La généralité du contrat de recommandation qui ne paraît pas s'être concilié avec la pratique du métayage confirme notre pensée, d'autant qu'il ne paraît pas y avoir eu alors de classe intermédiaire entre les recommandés et les serfs : « La distance est quelquefois plus « grande, dit M. Garsonnet [2] entre le recommandé et « celui qui ne l'est pas qu'entre l'homme libre et le serf « et la distinction des terres libres et des terres recom- « mandées tient presque toute la théorie de la pro- « priété immobilière. »

Et plus tard, ne serait-il pas étonnant qu'on passât entièrement sous silence dans les Capitulaires ce système d'amodiation du sol alors que Charlemagne lui-même [3] ne dédaignait pas de fixer la nature et la quantité des redevances qu'il autorisait de prélever dans les manses relevant directement du domaine de l'empereur, prélèvement qui d'ailleurs n'éveille en rien l'idée d'un partage proportionnel des fruits?

Les ruines qu'entassèrent le morcellement de l'Empire

[1] L'obligation du travail n'est mentionnée nulle part. Témoin la formule usuelle du contrat de précaire qui suit : *Recueil général des formules*, M. de Rozières, t. I. « *Nos quoque, in Dei nomine, suppli-* « *cantes ad vos accedimus..... dedimus..... in ea vero ratione ut,* « *quamdiu advixerimus, in utraque loca nobis liceat tenere et usufruc-* « *tuare. Et pro hac re precaria vobis spondimus censum annis singulis,* « *quod evenit festivitas sancti illius, tantum quantum inter nos con-* « *venit dare studeamus.* »

[2] Garsonnet, *Histoire des locations perpétuelles*, chap. II, 2e partie.

[3] *Capitulaire*, de Villis, vers 812.

et les incursions réitérées des Normands étaient loin de jeter plus de lumière sur les contrats concernant la mise en culture des terres et d'aider au développement agricole que nous devrons attendre pour voir renaître et prospérer les pratiques analogues au métayage. Il n'en est pas moins un terme qui prend cours dès cette époque et qui paraît être en langue barbare la traduction quasi littérale du mot : métayage. C'est le mot « *medietas* », dont les dérivés[1] formeront peu à peu une série de termes dont il est difficile de préciser le sens exact.

Il nous est impossible de voir, contrairement à l'opinion généralement admise[2], une analogie réelle entre la tenure *ad medietatem* de la première partie du Moyen-Age et notre contrat de métayage, voire même une ressemblance avec le colonat partiaire des Romains. Cette charte de l'an 1407[3] suscite la comparaison avec une institution romaine tout autre[4] « *Ibi donavit per* « *manum ejus Gausfredus comes filius Eudonis comitis* « *S. Martino majoris monasterii duas mediaturas cum* « *bubus et agricolis.* » Ces « *agricolæ* » sont des serfs, à n'en pas douter, partie intégrante de la « *mediatura* »

[1] *Medietura, medetaria, mediatura, médiatoria, meditaria, meeteria, moitoieria, metearia.*

[2] Rapport de M. Million à la Chambre des députés. (Séance du 14 juin 1888. *Journal officiel* du 27 juillet 1888.)

[3] Du Cange, au mot *mediatura.*

[4] La loi 2 (Constantius), au Code, liv. XI, tit. XLVII, fait ressortir clairement l'analogie du colon romain et du serf au moyen âge en ce qu'ils sont tous les deux irrévocablement attachés au sol. « *Si* « *quis prædium vendere voluerit, vel donare : retinere sibi transfe-* « *rendas ad alia loca colonos privata pactione non possit.* »

Peut-être la seule différence avec le colonat romain consiste-t-elle dans le partage par moitié des fruits? Sans doute, si ce partage est la loi, nous sommes en face d'une pratique qui se rapproche du métayage : il ne manque que la liberté de l'une des parties contractantes pour parfaire le contrat. Mais cette liberté fait défaut : l'assimilation faite dans l'acte qui mentionne la donation des bœufs et des laboureurs le prouve surabondamment.

Ce n'est point d'ailleurs dans les rapports de comtes à paysans qu'il faut chercher des liens à la fois serrés et libres comme ceux que crée le métayage. C'est bien plutôt dans l'étude tant des documents législatifs que des contrats particuliers inspirés par l'Église que nous trouverons la trace que nous cherchons. La loi des Bavarois, code dont la rédaction remonte à une époque plus lointaine que la charte antérieurement visée, détermine la quotité de « *l'agrarium* », c'est-à-dire de la redevance imposée au colon d'Église. C'est la dixième partie des fruits : « *De colonis Ecclesiæ..... qualia tributa red-* « *dant hoc est Agrarium..... secundum quod habet, donet.* « *De triginta modis tres donet..... reddant (decimum)* « *fascem de lino, de apibus decimum vas*[1]. »

Ce passage affirme le partage des fruits dans une proportion donnée. On y peut voir l'origine de la dîme; on y doit remarquer un caractère obligatoire. Cette obligation ne naissant pas d'une convention libre, nous ne saurions y voir une application du colonat partiaire, ni l'une des sources du métayage.

[1] *Lex Bainwariorum*, I, 13. Pertz, *Leges*, t. III, page 278.

Cet « *agrarium* » se perpétue aux mains des abbayes, parfois sous le nom de « *canonicum* ou *aractum.* » A cette obligation légère de fournir la dixième partie des fruits vient se joindre une charge plus onéreuse : sans parler des redevances fixes, le tenancier est tenu de fournir une certaine somme de travail sur le manse dominical[1] celui qui cultive a charge d'une redevance plus lourde en fruits, sous la condition d'un partage dans une proportion plus désavantageuse, « *qui arat ad medietatem* », disent les Cartulaires, celui-là est libéré de tout ou partie des redevances d'une autre nature : prestations fixes, corvées, etc. C'est ce qu'exprime clairement ce contrat du commencement du XIIe siècle : « *Sunt etiam de eisdem* « *vineis unus arpennus et dimidius supra vinarium comi-* « *tisse, quos Roardo clerico tradidimus ad medietatem,* « *termino, quod supra, usque ad XV annos; ita ut in* « *facturis vinee, præter dimidium vindemie, nichil mitta-* « *mur, et medietatem tamen census, hoc est IIII^{or} denarios* « *et obolum, nobis, festo sancti Martini, ipse reddet.* »

Ce que l'*agrarium* fut pour les biens d'église, fut le terrage ou champart pour les biens seigneuriaux. Inutile donc de nous répéter : la même incompatibilité et les mêmes dissemblances existent entre cette redevance seigneuriale et le contrat de métayage.

Le Polyptique d'Irminon offre des variétés de cette condition du sol : dans certains textes, le tenancier a le

[1] *Prolégomènes de l'abbaye de Saint-Père, de Chartres*, Guérard, t. II, page 378.

Polyptique d'Irminon, XV, 3 : « *Actardus colonus tenet mansum* « *ingenuilem... arat ad hibernatinum perdicas 4...., curvadas, mano-* « *pera quantum ei injungitur.., pullos 3, etc...* »

choix entre le partage des fruits par moitié ou le paiement d'une redevance fixe[1] : « *aut arat ad medietatem,* « *aut solvit denarios XII* », dans d'autres, on le voit soumis aux deux obligations jointes[2] : « *arat ad medietatem,* « *solvit denarios III, pullos et ova.* »

L'histoire de l'Anjou nous offre des exemples de cette tenure *ad medietatem* avec un caractère particulier. C'est une sorte d'impôt que les seigneurs s'attribuent le droit de prélever pour réparer les désastres des guerres, édictant en même temps, dans le but de se ménager pour les loisirs de la paix les poignantes émotions de la chasse, des entraves à l'œuvre de défrichement des abbayes au détriment des populations voisines[3].

Et si nous abordons l'histoire du Craonnais, territoire disputé pendant le xe siècle entre Normands, An-

[1] Polyptique d'Irminon, XIX, 27.

[2] *Ibidem*, XXIII, 33.

[3] Geoffroy Martel, dit Marchegay (*Archives d'Anjou*), fils de Foulques Nera, nommé seigneur de Saumur par son père, n'avait pour faire face aux dépenses qu'entraînait sa nouvelle position que des ressources tout à fait insuffisantes. Pour y subvenir, au lieu des redevances modestes que les vilains payaient aux moines de Saint-Florent, pour les terres que ceux-ci avaient défrichées et sur lesquelles les paysans s'étaient agglomérés, Geoffroy Martel exigea d'eux la moitié des fruits qu'ils en retiraient.

« *Inter quas exactionum consuetudines etiam, propter venationem* « *suam, interdixit ne boschus qui omnino nostris juris erat, de* « *parechiis sancti Lamberti et sancti Martini de Platea, ad agros* « *aut ad prata facienda extyrparetur. De ipsis vero agris villanorum* « *nostrorum quos libere antea tenuerant nostraque licentia et jussione* « *de ipso boscho extyrpaverant bis messium tulit medietatam.* »

Le successeur de Geoffroy Martel prétend au maintien de ce droit, à la moitié « *medias messes pervasit* » mais l'abbé le lui conteste, il fallut, selon l'usage du temps, recourir à l'épreuve de l'eau bouillante, au jugement de Dieu. Ce procès dura du 27 juillet au 2 août 1066.

gevins et Bretons, qui devint la première baronnie d'Anjou vers le milieu du XIe siècle[1] nous voyons dans ce pays, jusque-là le théâtre de luttes sanglantes, s'élever peu après au plus profond de ses bois une abbaye fondée par Robert d'Arbrissel. Les moines eurent recours pour défricher ces terres considérées jusque-là comme stériles et couvertes de marécages[2] à l'aide des habitants du Craonnais. Ils usèrent de cette tenure *ad medietatem* qui, si elle n'est pas notre métayage actuel, s'en rapproche par une étroite parenté, au moins dans les termes[3].

Les chartes offrent dans cet ordre d'idées une variété infinie dans les termes et plus encore, croyons-nous, dans les éléments des conventions nombreuses qu'on peut rapprocher par quelques points du métayage. Tenter de définir ce que fut plus généralement cette

[1] Poquet de Livonnière et Bodin (Anjou) placent cette annexion en 1050. M. de Bodard, dans ses Chroniques craonnaises, assure qu'elle est antérieure à l'an 1040.

[2] « *Ecclesia sanctae Mariæ de Bosco sita in terra sterili et in locis palustribus.* » (Lettre d'Ulger, évêque d'Angers). — de Bodard, Chroniques craonnaises.

[3] La charte LXXII de l'abbaye de la Roë, mentionne un contrat passé entre Renaud de la Roche et l'abbé de la Roë, par lequel les religieux s'engageaient à défricher la métairie à condition d'en partager les fruits pendant sept ans au bout desquels le fonds lui-même sera divisé en deux parts, dont l'une appartiendra en pleine propriété à l'abbaye.

Les chartes CLXXXII, LXXI, CCIII et C usent de ces termes : *meditaria*, *mediarius*. En donnant à moitié, dit M. de Bodard (Chroniques craonnaises) « les abbés de la Roë fournissaient ordinairement une paire de bœufs de trente à quarante sous, » d'où nous pourrions croire que le reste du cheptel appartenait au métayer.

coutume, tant sur un point que sur un autre de notre sol, serait présomptueux. Dans ce siècle où tout objet, « l'air même que l'on respirait » au dire de Ducange [1] était soumis à une succession hiérarchique, il paraît impossible de fixer la portée d'un contrat qui par sa nature était destiné à rester l'apanage de l'Église et des humbles et à former le dernier degré des droits fonciers.

Remarquons que dans la longue série de ces chartes la convention d'exploitation du sol avec partage de fruits n'est qu'une clause accessoire d'une donation ou concession d'un fonds au profit de l'abbaye [2] : le concédant conserve la moitié des fruits à charge de travail sous la direction du monastère qui en retour promet sa protection et ses prières. Ce qui nous pousse à conclure que si l'on tient compte de l'état général du droit au XIIe siècle, toutes ces conventions relatives au sol entraînaient pour une part quelconque un démembrement du droit de propriété. Sous l'expression si fréquente de : *dare, tradere, àrare ad medietatem,* il ne faut voir le plus plus souvent qu'une aliénation partielle du fonds, une dernière charge imposée au sol et au tenancier par son protecteur, Église ou particulier vassal lui-même, un partage définitif d'un droit de propriété déjà amoindri en même temps qu'une division

[1] Ducange, au mot *feudum* « *Sæculis XI et XII° omnia in feudum* « *concedebantur, teloneum, pedagium, rotagium, apud examina, imo, si quibusdam fides habenda est, ipse quo vivimus aer.* »

[2] *Prolégomène de Saint-Père,* Guérard, t. I, page LXI.

de la jouissance des fruits[1]. Il ne faudrait donc point prendre pour absolue l'assimilation faite par M. Fustel de Coulanges[2] en ces termes : « Ce qui est un peu « moins rare, dit-il, en commentant certains textes du « Polyptique d'Irminon, c'est la redevance en nature : « Nous voyons quelques colons qui semblables à des « métayers cultivent leur tenure et gardent pour eux « la moitié de la récolte ; c'est ce que nos textes ap- « pellent : *arare ad medietatem.* »

Ainsi comprise, la tenure *ad medietatem* pratiquée presque exclusivement sur des biens d'église ou qui par l'acte même vont prendre ce caractère nous apparaît comme une forme de la recommandation perpétuée depuis les Mérovingiens et la concession *ad medietatem* n'a point une origine différente de celle que nous avons reconnue au contrat de précaire et plus tard à l'*agrarium.* C'est l'esprit qui se dégage de nos chartes[3]. A ce besoin de protection des populations s'associe le désir de l'Église d'augmenter sa puissance. Elle opère cet

[1] Il en résultait qu'en outre du partage des fruits, des redevances multiples pouvaient être dues par le fonds baillé à moitié. Cette multiplicité des redevances, conséquence de la multiplicité des droits, n'avait fait que s'accentuer depuis les siècles précédents pour lesquels M. Glasson (*Histoire des inst. polit. de la France*, t. II, chap. V) dit : « Les redevances étaient acquittées en argent, en nature ou en travaux ; fort souvent un même colon devait ces trois sortes de prestations. »

[2] *Recherches sur quelques problèmes d'histoire.*

[3] Du Cange, « *Colonarius ordo : Colonaris ordine vivere constituit « plurimos, de quibus hæc tandem habet col. 31. Et constituimus illos « homines in omnibus prædictis locis commanentes illam terram et « vineas et omnia ad medietatem collaborare : et nihil aliud eis « requiratur, nec post nos nihil inquietudinis patiantur.* »

accroissement, dit Giraud[1] : « par la substitution gra-
« duelle et complète des aumônes et des donations faites
« aux monastères, comme moyen de racheter les fautes,
« au système ancien de la pénitence canonique et
« publique. »

« C'était l'esprit de communauté, dit Ozanam[2], qui
« faisait la force des monastères : et l'on s'en aperce-
« vait assez par le défrichement des terres environ-
« nantes et par la rapide propagation des lumières et
« des mœurs chrétiennes. Les hommes imitèrent ce
« qu'ils avaient sous les yeux ; ils s'accoutumèrent à se
« rapprocher, à vivre ensemble, par conséquent à se
« supporter et à se soutenir. » Poursuivons cette idée : Ces communautés de paysans se formèrent autour des abbayes sur l'initiative, sur la convocation même des moines. Leur rôle d'apôtre de Dieu les y poussait ; l'intérêt matériel de la communauté l'exigeait. Sous cette double influence, devaient se nouer des rapports étroits entre moines et paysans — leur collaboration ne pouvait manquer de se manifester dans la culture des terres — et la forme de cette collaboration, ou tout au moins de cette jouissance commune d'un même fonds, devait se rapprocher du métayage autant que les idées juridiques du temps pouvaient s'allier avec ce contrat.

La tenure *ad medietatem* est la forme que prend cette collaboration au XIe et XIIe siècles. La confusion en un seul de tous les droits que nous concevons aujourd'hui

[1] Giraud, *Histoire du droit Français*, T. I, moyen âge.
[2] Ozanam, *Civilisation chrétienne chez les Francs*.

nettement séparés relatifs à un fonds ne saurait se concilier avec une application même lointaine du métayage. Néanmoins c'en est l'origine immédiate.

Nous sommes d'ailleurs dans une période de tâtonnement. Le droit féodal cherche encore ses assises. Les hommes en puissance[1], les vilains qui sentent le besoin d'une protection efficace travaillent en même temps à leur émancipation relative par le principe fécond de l'association. En un mot, nous atteignons l'une de ces heures où le contrat du métayage s'impose sous une forme si imparfaite que ce puisse être. L'institution que nous étudions va faire partie d'un ensemble de progrès que l'état social commande, que le souffle religieux guide et qu'au siècle suivant l'étude du droit romain devra achever et consacrer définitivement.

[1] Beaumanoir (*Coutumes de Beauvoisie*), les appelle : *hommes de poeste (in potestate)*.

CHAPITRE II

Transformation de la tenure à moitié à la fin du moyen âge. — Son développement aux XIVe et XVe siècles

Si nous rapprochons les dates extrêmes des douze siècles dans lesquels nous avons cherché les pratiques offrant quelque analogie avec le contrat que nous étudions, nous sommes forcé de constater à notre point de départ l'existence du colonat partiaire sur des bases logiques et équitables ; à notre point d'arrivée au contraire, après avoir vu l'idée du métayage s'obscurcir avec les derniers siècles de l'Empire romain et surtout durant la lente agrégation des divers éléments qui devaient constituer la France, nous entrevoyons à mainte reprise et sous une expression dont la terminaison seule varie, une coutume qui offre bien plutôt avec lui une ressemblance dans les termes que dans le fond des choses.

Est-ce donc que la France du moyen âge, tant en raison de la nature de la terre que du caractère de ses habitants, fut un sol moins hospitalier à l'agriculture que l'Italie sous l'Empire, qu'elle offrit moins de ressources au développement agricole et qu'elle vit se former trop peu de contrats tendant à la mise en culture des terres ? Tous les historiens s'accordent au contraire pour affirmer que c'est par le développement de son agriculture et par l'attachement de la race au sol que la France a pris si noble place parmi les nations civilisées.

Le caractère essentiellement agricole de la France est palpable lorsque l'on compare la vie économique de Rome à celle de notre pays, principalement dans l'ère qui va s'ouvrir à la suite du travail d'enfantement auquel nous venons d'assister. Ici, moines et paysans, serfs et seigneurs féodaux unissent leurs efforts pour tirer leur subsistance de la terre qu'ils foulent. Nos grandes luttes elles-mêmes n'arracheront au sol les bras, que la culture exige, que lorsque l'existence de la patrie, ou ce qui revient au même, l'indépendance d'une province sera en danger. Alors c'est la peste engendrée par le carnage et la famine que cause l'absence de nos cultivateurs. Là-bas, la guerre ne dérangeait en rien l'alimentation du peuple romain. Quiconque jouissait de la liberté eût cru l'aliéner honteusement s'il n'eût prétendu servir Rome par son faste, par ses hauts faits dans les milices, par ses conseils dans les curies, ou par ses luttes au forum. Le paysan n'existait guère en Italie ; l'homme libre qui ne pouvait atteindre les dignités de l'armée, du sacerdoce ou de la magistrature, était fatalement un aventurier que le peuple romain faisait nourrir, non point du produit d'un sol laissé vierge, mais par ses milliers d'esclaves conduits aux extrémités du monde connu par ses naviculaires pour en rapporter les riches produits que distribuaient à la populace les plus vils des officiers publics « odieux comme exacteurs, ignobles comme ouvriers ; « car la Rome républicaine et la Rome impériale ne « surent jamais honorer le travail [1]. »

Cette différence dans le génie des deux peuples éclate au grand jour aux XIIIe et XIVe siècles et, phénomène curieux, c'est au contact de la civilisation romaine, conservée par les mains qui avaient déjà remué le sol de la France et divulguée à cette époque par les légistes qui, poursuivant le travail de l'école de Bologne, sapent l'œuvre de la féodalité et édifient toute une législation sur les bases qui viennent de leur être apportées par les documents nouveaux du droit romain [2].

Cet élan dans les études juridiques modifia si profondément les éléments de la tenure à moitié que l'on serait tenté de voir dans cette évolution l'origine directe du métayage. Nous ne nous adresserons point d'ailleurs aux documents législatifs de cette époque, pour y puiser des renseignements sur les caractères nouveaux du contrat, qu'ils soient l'œuvre des romanistes, ou qu'ils reproduisent les règles du droit coutumier.

Les essais de codification de cette époque, non plus que les commentaires apportés par les juristes, soit indif-

[1] Jules Simon, *le Travail*, chap. III.

[2] Il importe aussi de signaler parmi les causes de la transformation de la tenure *ad medietatem* en contrat libre et temporaire, le mouvement général d'émancipation qui se manifesta surtout sous le règne de saint Louis par les nombreux affranchissements des serfs. (Rapport de M. de Toudonnet, enquête de 1882.)

férence ou mépris à l'égard d'un contrat passé entre modestes paysans, auquel l'Église reste désormais étrangère, — soit ignorance d'une pratique confinée par sa nature dans le silence des campagnes, — ne font aucune allusion à ce mode de tenure. Dans les rédactions de lois dont l'Anjou semble avoir le privilège à cette époque, nous trouvons plutôt la survivance de l'ancienne théorie féodale sur l'inséparabilité du droit à la jouissance du droit sur le fonds lui-même [1]. Et pourtant nous voyons ailleurs se formuler les idées romaines, qui feront naître un conflit, mais qui, bientôt victorieuses, vont poser les principes généraux qui s'harmonisent avec les éléments vrais du métayage et qui expliqueront sa subite apparition [2].

[1] Beautemps-Beaupré, *Coutumes et institutions de l'Anjou et du Maine*, t. IV, 1re partie.

L'article 244 des « coutumez, usaiges et stiliez ou paiis d'Anjou » qui fait ressortir le conflit, semble encore consacrer de préférence la théorie du droit coutumier : « 244. Si le mestoier ou fermier par « X ans continuez paie rente sur la chose qu'il tient, elle y demeure « asservie perpétuelement ; et ne le peut empêcher le propriétaire, « car sans son consentement n'est veu estre faicte telle possession. » *Ibidem*, Beautemps-Beaupré, t. II, 1re partie.

Dans les *Coutumes de l'Anjou et du Maine*, selon les « rubriches de Code », nous voyons pour la première fois un titre intitulé « de louaigè » (*de loctato et conducto*) : « 723. Louaige est octroy de per- « sonne ou de chose a en user à temps pour certain nombre de « pectune. Concord, l. 2, ff., *locati conducti*, 19-2. »

La « *compilatio de usibus et constitutionibus andegaviæ* » ainsi que les établissements de saint Louis, qu'ils aient ou non une origine angevine, sont muets sur notre sujet.

[2] En face de cette dualité de législation, M. Bonnemère affirme que chacune d'elles eut un champ d'application différent : « La « législation féodale, dit-il, continue de régir les nobles, en même « temps que la loi romaine est appliquée aux roturiers. » Bonnemère, *Histoire des paysans*.

Quoi qu'il en soit, à défaut de données législatives, nous recueillerons les précieuses indications qui se dégagent des savantes recherches de M. André Joûbert sur l'histoire documentaire de l'Anjou et plus spécialement du Craonnais, dont nous dépasserons peu les limites désormais, pour apprécier les nouveaux éléments du métayage. Il importe en même temps de ne point abandonner la mine féconde que nous avons jusqu'ici exploitée ; les chartriers des abbayes. Peut-être verra-t-on l'Église s'arrêter dans la voie d'émancipation et de progrès agricole où elle s'était engagée glorieusement, entraînant dans sa marche nos populations rurales, se faire désormais le rempart du droit coutumier, et perpétuer, à côté du métayage, la vieille tenure, *ad medietatem* pour profiter de cette concession de droits fonciers qui en était dès lors la seule raison d'être [1].

A ces obstacles apportés au développement du mé-

[1] L'acte qui suit prouve que les abbés de la Roë n'avaient en rien adopté à la fin du XIII siècle les principes du droit romain et ne pratiquaient point la location romaine. Pour eux, affermer une terre était l'aliéner.

Abbaye de la Roë, 1275. Arch. Livré, 38, fol. 122 :

« Sachent tuis présent e à venir que en nostre court de Craon en « dreyt establi Guillaume Marceol (Mrceol) de la paroisse de Livré « requérant lui avoir pris e prist à ferme annuelle et perpétuelle « de frère Guillaume Fermey, chanôyne de l'abbaye de la Roë, un « herbergement que le dit chanôyne aveit au borc de Pont-Vivien « que le dit chanôyne aveit achatez jadis si comme il diseit de feu « Johan Lavole et une osche de terre arable qui est apelée l'osche « Richete. A avoir a tenir a espletier et a posséger le dit herberge- « ment e la dite osche de terre au dit Guillaume Mrceol et a ses « heyrs ou a cils qui ont ou qui auront cause de lui en payx e « sait contenu en perpétual héritage e a en faire ler volônté de tot « en tot... »

tayage par la puissance monacale [1] au XIIIe siècle, viennent se joindre bien d'autres barrières. Ce sont les prétentions excessives des seigneurs, qui à tel point méprisent la culture du sol et ses ouvriers, que tout en assujettissant l'assiette désormais inébranlable des droits féodaux prétendent, en vertu de leurs droits de chasse, empêcher de défricher les fourrés impénétrables de l'Anjou et ménager au gibier ses précieuses retraites [2].

Enfin J. Bodin [3] déclare en parlant de la dîme, que « c'est à cet impôt désastreux que la France doit attribuer « la lenteur du progrès de son agriculture » en ce que le décimateur avait le droit de s'opposer et s'opposait en fait à toute transformation de culture.

Nul doute que ces obstacles au développement de l'agriculture n'aient ralenti l'application du métayage. Nous ne devons pas moins en constater l'existence aux XIVe et XVe siècles, essayer d'en déterminer les éléments constitutifs et le caractère général,

Le rouleau inédit de Mme d'Olivet (1335-1342), publié

1. M. Marcel Fournier, *Nouvelle revue historique de droit romain et français, L'Église et le droit romain au moyen âge*, janvier 1890, explique cette opposition de l'Église à l'extension des lois romaines par cette idée qu'elle aurait entrevu dans l'unité de cette législation nouvelle un échec à l'application générale du droit canon, mélange de droit romain et de droit coutumier, sur lequel reposait sa suprématie en matière judiciaire au XIIIe siècle en même temps qu'il confirmait sa puissance et garantissait ses privilèges.

2 J. Bodin, *Recherches sur l'Anjou*, affirme ce droit de prohibition pour les seigneurs. Il fallut des lettres royaux, en 1321, pour permettre aux différents propriétaires de la Garenne, pays entre le Lion-d'Angers et la Membrolle, de chasser et de défricher leurs bois pour détruire le gibier qui ravageait leurs terres.

3 J. Bodin, *ibidem*, *Recherches sur l'Anjou*.

récemment par M. André Joubert, l'éminent historiographe angevin, nous fournit des données relativement très précises. A l'aide des comptes de la dame d'Olivet, nous pouvons aisément analyser les différents ressorts du métayage.

Le contrat paraît être passé le plus généralement pour une période de neuf années, non résilié par la mort tant du métayer que du propriétaire et au contraire prenant fin en cas de non exécution du marché ou de faute de la part du preneur sur la libre et exclusive appréciation du bailleur [1].

A qui incombe l'apport des différentes valeurs nécessaires à l'exploitation ? Bien que nous ne puissions répondre à cette question avec tous les détails qu'elle comporterait, sur certains points nous avons une pleine certitude. Les semences sont fournies par moitié [2] et le

[1] *La vie agricole dans le Haut-Maine au XIIIe siècle*, d'après le rouleau inédit de Mme d'Olivet (1335-1342). Bail de la Clardière. « Ou jour « du dimenche en près sainct Michiel en monte Guarguane l'an mil « III et XXXV, fist marche monseigneur André de Laval, sire de Ven- « delays, à Michot Grély, de la paroisse dou Genest, tenir les appar- « tenances jusques a la revolution et le temps de *IX cuiz et de IX* « *quillettes*, commençant le dit terme de IX ans à la prochaine feste de « Touzsain prochaine a venir en près la date de ces lettres ou de ceste « cedulle ou protocole en tele manière que le dit Michot *ou ses hairs* « doivent a tenir, coutiver, laborer les dites terres en de tous bons « labourages qui doivent et apartenent ettre faiz en bonne métairie « et par temps convenables... Et si li a faute de labourer bien et « loaulment les dites chouses, nous ou nos hers *les li pouront ouster*, « *toutes fois qu'il nous plera*, sans cognicion de cause foy, obliga- « cion d'ouvraiges et les meilleurs lettres et liens que l'on poura... «

[2] *Ibidem*. Extrait du bail de la Clardière : « Et seront les dits « monseigneur André et le dit Michot et ses hairs de toute la « métairie et de l'émolument qui en étendra le terme durant des « IX ans et des IX cuillettes moitié à moitié *et semeront* le dit mon-

partage de la récolte est opéré par moitié. Le travail de labour et de récolte des fruits destinés à être consommés sur la métairie incombe au métayer ; mais là s'arrête l'application de ce principe devenu depuis lors une règle générale. Le bail que nous reproduisons en partie affirme que les travaux de l'ensemencement et de la récolte des fruits soumis au partage sont à la charge commune du maître et du colon, et que tel est l'usage du pays.

Ce bail de 1335 que nous commentons ne nous permet pas de formuler une règle générale sur le point de savoir à qui appartenait le cheptel, le bétail garnissant la métairie. Nous pouvons d'autant moins donner une réponse absolue à cette question que si elle trouve bientôt une solution précise et logique elle redeviendra indécise dans les baux des XVIIe et XVIIIe siècles. Nous trouvons d'ailleurs dans « les baux et comptes des « métairies de Mme d'Olivet » quelques allusions éparses d'où nous pouvons seulement conclure que le plus souvent le bétail devait être déjà la propriété commune et le produit des ventes commun au propriétaire et au métayer, mais que le cheptel fourni par le maître était un fait fréquent[1].

« seigneur André et le dit Michot et ses hairs *moitié à moitié* et « cuidront (cueilleront) et saeront (scieront) *et batteront blez moitié à « moitié* chesqun pour sa part *comme a coustumé est en païs* et es « bailies de métairie et faucheront le dit Michot et ses hairs les « (déchiré) dite terre au diz Michot et ses hairs et faneront et emé- « rieront es diz leu (lieux) de la dite (déchiré) dit Michot ne ses « hairs en puissent rien demander de (déchiré).

[1] Les deux extraits suivants de l'inventaire d'une métairie prouvent la propriété commune des bêtes vendues (prins, tret ou trayt a gaing).

Item. « Douze aigneaux de croyssance de l'an trente et vingt :

Le partage par moitié s'étendait à des produits de moindre valeur aujourd'hui encore soumis à la même loi, tels que certaines volailles. D'autres, dont le dénombrement est moins facile, sont l'objet d'une redevance fixe, forfait qui s'est perpétué jusqu'à l'heure présente. Les réparations locatives paraissent avoir été généralement à la charge du métayer sous l'obligation pour le maître de fournir les matériaux nécessaires. Par contre les fruits et les légumes du jardin ou courtil sont soustraits au partage au profit personnel du métayer. On y voit strictement observé le principe d'après lequel le travail du métayer et des siens, source même du droit au partage des produits, ne peut être distrait de la terre[1]. Il ressort de la série des ventes mentionnées qu'elles

« Summe 1111 xx iiii de quoy nous avons tret a gaing, douze de « quoy nous avons eu la moitié et le méteier l'autre. »

Item. « Avons prins a gaing un buef por xl soulz et une vache « por xvi soulz, de quay il advient au méteier pour sa moitié « xxviii soulz. »

Ailleurs nous trouvons le cheptel fourni au métayer par le propriétaire (*ibidem*) : « Et avons baillié au dit Martin iv buez pour vi « libvres de chatel. *Item.* Avons baillié au dit Martin v vaches « ii toreaus et ii petits veaux pour le prix de vii libvres et x soulz « que il tient de Madame au chetel. *Item.* Nais ley avons envoié « xxxvi chastriz que il doit garder et ne doit tenir le dit Martin nul « autre avair que Madame. »

[1] Le métayer de la Jarjacière, dit M. Joubert, désireux de rendre service au curé de la paroisse, « avait laboré la terre au prestre de « Mellay sans le commandement de Madame ». Il avait reçu en paiement un septier de froment, un septier d'orge et un septier d'avoine même « bone et compétant à la mesure de Mellay », chaque fois qu'il avait travaillé au profit du dit prêtre de Mellay. La châtelaine l'apprend et déclare que si son colon laboure une autre terre que celle de la Jarjacière, elle lui prendra la moitié du produit, « car il ne « doit faire nul charroy sans notre commandement où « nous ne prendgeon la moitié ».

étaient généralement réalisées par le métayer : le propriétaire, ou son intendant, avait aussi l'exercice de ce droit qui n'est qu'un acte d'administration[1].

Une terre baillée à moitié n'est pas sans devoir quelques redevances seigneuriales conformément au principe : Nulle terre sans seigneur. Qui supporte ces charges dans le métayage au XIVe siècle ? Ici encore point de règles fixes, si l'on rapproche ces charges foncières de notre impôt foncier, on pourrait croire qu'elles durent être imposées au métayer seul. Il ne paraît pas que telle ait été la règle générale ; d'ailleurs la liberté des conventions eut ici une juste raison d'être respectée, ne fût-ce que pour égaliser les charges à l'égard des différents tenanciers[2]. A défaut de conventions expresses les parties s'en réfèrent aux usages consacrés[3]. Il en existe déjà. Il ne faut pas s'en étonner : si

[1] Extrait des baux et comptes des métairies de Mme d'Olivet. *Item.* « Avon tray a gaing un cheval pour LXX soulz et avon com- « mandé a Johannin de Vendel paier au dit métaier XXXV soulz pour « sa part. »

[2] Dans un bail résumé par M. Joubert (*ibidem*), Mme d'Olivet, bailleresse, stipule que Perrot Brunel et Perronnelle, preneurs à moitié de « comenses et quellestes jusques à seis anz », paieront tous les devoirs seigneuriaux et la moitié d'un setier de seigle « qui est deu « aux Opitalles pour chescun an ». Il versera aussi la moitié « de « IIII soulz de rente qui sont deuz à la parsoyne de Grez ».

[3] Le rapprochement des extraits suivants de « baux et comptes » nous porte à croire à l'existence d'usages constants.

Mme d'Olivet baille « a labourer et constiver et a gaigner de leurs » labourements et constivement bien et *loilement au dit et regard « des preudes hommes* jonques à troys auz et troys quillestes et « mètre le dit Raoul moytié de comenses et Madame l'autre ».

« Et sont tenuz garder les vingnes et les clore bien et diligement « *comme metayer deyvent par droit.* »

Nous avons déjà mentionné ces mots significatifs : « *comme « accoustumé est en païs.* »

courte qu'ait été jusque-là la pratique de notre contrat, elle a pu fonder une sorte de jurisprudence nécessaire en l'absence de lois écrites. De ces usages explicitement reconnus par les parties contractantes en maint endroit, il ne semble pas téméraire d'affirmer que le métayage, sous sa forme nouvelle, avait dû prendre une rapide extension.

Les données judicieuses sur lequel repose le contrat dès son apparition sont le plus sûr garant de l'importance qu'il ne peut manquer d'acquérir dans un bref délai. Dans l'étude juridique du contrat de métayage actuel, nous n'aurons sur les caractères principaux, que nous venons de lui reconnaître au XIVe siècle, que bien peu de différences à signaler.

Gardons-nous pourtant de toute partialité en faveur du métayage du XIVe siècle. Le prélèvement sur le tas commun d'une quantité de seigle au profit exclusif du propriétaire est une clause accessoire du contrat de métayage, qui pour avoir vécu jusqu'à nos jours dans certaines parties de la France et avoir trouvé des défenseurs sincères n'en est pas moins inconciliable avec le principe du métayage et obstructive de son développement. Il y a plus : un obstacle infranchissable s'oppose à la marche progressive de notre contrat, c'est l'état même de l'agriculture. Des historiens, dignes de foi, comme MM. Léopold Delisle [1] et Lecoy de la Marche [2], constatent dans la fin du XIIIe siècle et au commencement du XIVe siècle une ère de prospérité pour notre

[1] Léopold Delisle, *les Classes agricoles en Normandie.*

[2] Lecoy de la Marche, *Correspondant* du 10 novembre 1884, *l'Agriculture au XIIIe siècle.*

agriculture qui pour des raisons diverses qu'il nous faudra plus loin pénétrer sera le point extrême de son développement sous l'ancien régime. L'étude rapide des principaux éléments du contrat de métayage à la même époque se concilie merveilleusement avec cette manière de voir, et, en plein accord avec ces auteurs, l'état stationnaire de notre contrat pendant les siècles qui nous séparent de l'ère moderne réflètera avec exactitude l'état de notre agriculture elle-même.

Cette perfection relative du contrat de métayage et l'état prospère de l'agriculture, n'étant pas l'œuvre d'un jour, ne devaient point s'évanouir dans de courts lendemains. On peut même considérer que le siècle qui suivit fut encore témoin d'un progrès, ralenti sans doute par les malheurs qui assaillirent tous les points de la France et n'épargnèrent pas l'Anjou [1].

Le même auteur qui déjà nous a fourni un fondement précieux pour l'étude du métayage au XIVe siècle, a publié des documents plus explicites encore [2] sur la pratique de ce contrat dans le siècle suivant.

[1] Ces luttes n'étaient point sans causer de graves dommages car, au dire de Bourdigné, « les Anglais, laissans le païs d'Anjou, emme« noient de nombreux prisonniers, Angevins et Manceaux, avecques « grant nombre de bestail et de dépouilles ». Ces déprédations furent sans doute agravées par l'absence du duc d'Anjou en même temps roi de Sicile. « Combien qu'il eust, dit le même auteur, « nécessité garder ses pays d'Anjou et du Maine des incursions des « anciens ennemys de la couronne, toutesfois, pour ce que ce luy « estoit force de perdre son royaulme de Sicille ou de y mener « armée, il laissa son pays d'Anjou en la garde de aucuns gentilz « hommes qui d'icelluy estoient natifs. » (*Chroniques d'Anjou et du Maine*, Jehan de Bourdigné.)

[2] Joubert, *la Vie privée en Anjou au XVe siècle*. Compte de Guillaume Tual, receveur de Jean Bourré.

Nous nous contenterons de signaler les modifications tant de progrès que de recul que les comptes de Guillaume Tual paraîtront apporter à la pratique générale du métayage, sans toutefois omettre les quelques assertions qui pourront confirmer les usages dont nous n'avons pu exactement préciser la portée d'après le rouleau de Mme d'Olivet.

L'apport par moitié des bestiaux de la métairie paraît être devenu un usage constant. C'est une loi sans exception dans les documents que nous analysons ; elle est rigoureusement observée : si l'un des membres de cette association, (ici le terme s'impose) a contrevenu à cette règle, un règlement de compte s'opérera par compensation au prochain maniement de fonds [1].

Les semences sont fournies par les deux parties et la récolte est également partagée entre elles ; le profit des ventes de bestiaux est commun [2], mais le partage pouvait s'en faire en nature au gré du maître qui « départ« tissait » une paire de bœufs et faisait conduire l'un d'eux dans les étables de sa réserve [3]. Le par-

[1] « Debvait le métaier de la Mote de Vaulx de Chateil sur le « bétail la somme de six livres dix sols, et depuis a achapté le dict « mestaier deux bœufs a tirer au hernays, audict lieu de la Mote, « la somme de six escuz, aussi luy estait deu, de retour, la somme « de dix sept solz six deniers que ce dict recepteur leur a poiée, et « par ce moien tout le bestail du dict lieu demeure commun à « Monsieur et au dict metaier pour ce XVII sols VI deniers. »

[2] « Ung veau commun entre Monsieur et le mestaier vendu cinq « solx... Pour ce à la part de Monsieur, II sols VI deniers. »

[3] « A été extraict et départi deux bœufs du dict lieu des Aillières « dont Madamme de la Broce a eu un bœuf, et le dict métaier ung « bœuf. »

tage[1] est appliqué plus strictement sur les métairies de Château-Gontier que dans celles des environs de Laval; ce n'est point à dire que le colon soit soumis à une loi bien dure. L'obligation au travail, impérieuse pour lui de nos jours, formulée sous d'importantes restrictions dans les comptes du XIVe siècle, subit encore ici à son profit une grave dérogation. Le maître contribue pour une part, dont la fixation exacte doit être laissée aux soins des contractants, dans le prix de tous les travaux pour l'exécution desquels le métayer est obligé de louer des forces étrangères à la métairie[2].

La collaboration du maître et du métayer, que tout partisan du métayage considère comme une condition nécessaire à son fonctionnement normal, paraît avoir été le fait du « recepveur » de Mme de la Broce et de Jean Bourré, son fils, qui, à en juger par la réception des comptes, paraissent ne pas se désintéresser eux-mêmes de la bonne administration de leurs métairies[3]. Le droit pour le maître de donner à l'exploitation la direction qu'il lui plaît est aussi pleinement reconnu. Dans les comptes de Guillaume Tual, il n'est guère mentionné de redevances fixes en nature au profit du

[1] Il comprend les laines des moutons : « Et avesque ce Jehanne « Briand, damme de la Broce, confesse avoir reçu par mes mains « les laines du creu des terres des dits lieux de Vaulx, de la « Roche..., etc. »

[2] « Perrin Galerme, marchant de bœufs, pour le louaige d'un « bœuf, mis aux Aillères, pour aider à faire le labourage des dicts « Aillières. »

[3] Nous trouvons en plusieurs endroits ces mots : « par comman- « dement de Monsieur ou de Madame. » Ces termes répétés : « a « été vendu par cedict recepveur et le mestaier du dict lieu, etc... », expriment mieux encore l'entente des deux préalablement à la vente.

propriétaire et il n'est fait aucune allusion aux rentes et droits seigneuriaux qui peuvent être dûs par ces terres ; d'où impossibilité de déterminer à qui en incombait le paiement. Les nombreux charrois imposés aux métayers de Mme d'Olivet dans le Haut-Maine sont passés sous silence dans les contrats datés du siècle suivant et du milieu du Craonnais.

Nous hésitons à nous prononcer sur l'existence d'une prestation colonique à la charge du métayer ou prélèvement hors partage au profit du propriétaire, en face d'allusions équivoques [1] à des « rentes deuz chascun an « à Monsieur » à cause des mêmes terres exploitées à moitié, sans que jamais le nom du débiteur de ces rentes soit donné. Si ces rentes sont dûes par le métayer au maître, elles peuvent être considérées comme l'équivalent d'un prélèvement colonique. Cette pratique, que nous avons déjà eu l'occasion de critiquer, trouverait ici quelque raison d'être dans la compensation accordée au métayer par la participation conventionnelle, mais également exorbitante, du maître aux grands travaux de culture.

Enfin il ressort de toutes les clauses dont nous venons de tirer la substance que la confiance réciproque des parties est la loi fondamentale de l'exécution du contrat, et que l'esprit d'équité et même de libéralité [2] est le

[1] « Sont deuz (de rente) chascun an à Monsieur à cause de la « dicte terre des Aillières, au terme de l'Angevine, huit bouesseaux » d'orge, moitié grousse, moitié menue, à la mesure d'Azé. »

[2] Ce dernier extrait des comptes de Guillaume Tual en est la meilleure preuve : « De la Roche de Bonnaisseau : n'en compte « rien le dict recepveur, pour ce que les porcs étaient trop petitz « et furent laissez ou lieu, pour ce... nyent. »

guide non seulement du propriétaire, mais encore de l'homme d'affaires à l'égard des métayers.

En réalité après l'examen comparé de ces données, qu'il n'y a pas lieu de considérer comme exceptionnelles à cette époque dans ce pays, nous devons reconnaître que le contrat de métayage assis sur ses bases logiques dès la première moitié du XIVe siècle semblait, après cent ans de durée normale et de progrès réel, répondre généreusement aux besoins économiques du temps.

Le fief lui-même, dont le caractère exclusivement militaire a fait place aux redevances utiles, ne se refuse point désormais à l'application de la location temporaire à charge de partage des fruits. Cette révolution s'opère « par le démembrement de la propriété inféodée en un « domaine direct seigneurial ou seigneurie directe que « retient le concédant, et en un domaine utile qui passa « au concessionnaire[1]. » Remarquons que c'est ce même concessionnaire du domaine utile, le plus souvent roturier, quelquefois seigneur sans fief, qui baillera ces terres inféodées à moitié fruits. De cette aptitude de toutes les terres au métayage qui d'autre part semble avoir trouvé faveur près d'une culture relativement développée nous pouvons conclure à son extrême fréquence dans le Craonnais. Pour appuyer notre dire, dans le silence presque unanime des jurisconsultes sur ce contrat et à défaut de statistique, nous ne pourrions que saisir au hasard quelques allusions

[1] M. Garsonnet, *Histoire des locations perpétuelles*, 3e partie, chap. II, section II, parag. 2.

involontaires des chroniqueurs angevins. C'est ainsi que dans les doléances formulées par le conseil des nobles hommes de la ville d'Angers sous les guerres de religion [1] nous lisons que les ennemis « ont prins et enlevé « jusques aux sepmences *la part même des colons et des « métayers.* » Cette relation ne mentionne-t-elle pas, indirectement sans doute, mais bien clairement la loi générale du partage des récoltes entre maîtres et colons ?

Peut-être ce système d'amodiation du sol, plus tard méconnu, eut-il entraîné l'agriculture dans la voie constante du progrès si une série de catastrophes n'étaient venues pour de longs siècles barrer le chemin au développement agricole et dénaturer les institutions les plus propices à féconder le travail de la terre.

[1] Pièces reproduites par M. A. Joubert, *Études sur les misères de l'Anjou aux XVe et XVIe siècles.*

CHAPITRE III

Le métayage dans le Craonnais, sous la Monarchie absolue, l'époque révolutionnaire et la première partie du XIXe siècle.

La fin du xve siècle est loin d'être une heure marquante pour la seule prospérité de l'agriculture. Tous les arts, fruits d'un long travail, éclosent de leurs germes et vont donner un regain de vitalité à cette société fortement constituée. A côté du travail manuel, dont la place libre au soleil s'est imposée et paraît désormais ineffaçable, la science scrute encore, elle recueille surtout les résultats des fouilles antérieures, les rédige et les classe. Dans le droit, cette tendance des études devait donner des résultats féconds : les compilations de lois romaines et les usages survivants du droit coutumier, formulés ou non, vont sous ces efforts constituer dans chaque province une législation homogène que consacrera la rédaction oficielle des coutumes.

On serait en droit de chercher dans les coutumes du Maine et de l'Anjou, province de métayage constant, la réglementation de ce contrat et l'énumération de ses lois particulières. Ces recherches seraient vaines. Par une étrange coïncidence, aux époques mêmes auxquelles le contrat de métayage est un fait plus avéré et revêt une forme plus caractéristique, le législateur se tait ou n'y fait qu'une allusion vague et insuffisante. A Rome, Gaius se contente de signaler sa ressemblance avec la société ; — les rédacteurs du Code civil y feront quelques allusions éparses, mais ils se garderont d'en déterminer le caractère ; — les jurisconsultes de la fin du xve siècle ne se sont point écartés de cette ligne de conduite. Est. Pasquier et Guy Coquille en parlent, il est vrai, mais leurs doctes discussions portent exclusivement sur le point de savoir si le colonat partiaire est un louage ou une société. Est-ce du contrat romain qu'ils parlent ? On le croirait, car ils n'étayent les différentes opinions que sur des textes du droit romain. Ils ne se demandent pas même si le contrat qui est pratiqué de leur temps et sous leurs yeux est de tous points analogue au contrat du droit romain où offre avec lui des dissemblances essentielles. Les rédacteurs des coutumes évitèrent d'en donner la définition qui aurait seule préoccupé les savants, et ils furent plus sobres encore d'allusions que leurs successeurs du commencement de ce siècle.

Il se peut que la raison commune de ce silence ne soit conciliable avec l'esprit de ces différents âges qu'à des degrés divers. Nous n'en croyons pas moins pouvoir la formuler ainsi : le métayage vrai suppose la collaboration effective du propriétaire et du laboureur ; cette collaboration ne pouvant s'effectuer que par le rapprochement continu des deux membres de l'association, le propriétaire fixé aux champs ne pouvait concilier l'exercice consciencieux de son métier d'agriculteur avec le rôle d'écrivain, de jurisconsulte, encore moins de législateur. Le fermage au contraire se concilie par sa nature avec l'absence du propriétaire. Celui-ci, débarrassé du soucis d'un métier qui n'est pas le sien, peut consacrer sa vie aux charges publiques ou à la science de cabinet. S'il vante les charmes de l'agriculture, c'est en comparant les embarras fastidieux auxquels le vouerait le métayage aux attraits d'un prix de ferme touché à échéance fixe. Jusqu'au milieu de ce siècle le métayage n'a trouvé en haut lieu d'autre défenseur que ces idéologues qui n'aiment l'agriculture que de loin et méconnaissent ses ressorts intimes.

Et si l'on songe aux préjugés de la noblesse, tant de robe que d'épée, durant les quatre derniers siècles de la monarchie à l'endroit des entreprises industrielles, commerciales, agricoles même, faut-il s'étonner que ces contrats, qui n'ont trait à la conservation d'aucun privilège, mais seulement à l'exploitation du sol, quelque nécessaire qu'elle soit pour la vie même d'une nation, n'aient attiré les regards des rédacteurs des coutumes qu'en tant que ces systèmes d'amodiation pouvaient modifier la perception des droits féodaux.

Les autres contrats relatifs à la mise en culture du sol n'ont pas eu d'ailleurs plus de faveur près des rédacteurs des coutumes du Maine et de l'Anjou. Le mot bail à ferme ou à loyer comprend indifféremment tous les contrats passés entre bourgeois ou vilains concernant la location des terres, comme le mot *métairie* fréquemment employé désigne tous les domaines cultivés. Nulle part ces mots n'ont mérité une définition.

On est tenté de trouver une excuse à l'oubli commis par les lois écrites dans le silence que le métayage fait autour de sa pratique et dans l'absence de jurisprudence qu'on peut encore constater de nos jours relativement à notre contrat.

Alors surtout, paysans et bourgeois campagnards redoutaient la publicité de leurs querelles, les longueurs et les mystères d'une procédure qu'ils savaient ruineuse, l'ignorance technique des juges et l'ingérence hautaine et méprisante des seigneurs. Enfin la protection réciproque qu'ils trouvaient dans cette association et la confiance mutuelle entre contractants renforcée par la pratique fidèle d'une religion qui commande le pardon et la paix aux croyants les préservaient des procès.

Quoi qu'il en soit, les coutumes du Maine et de l'Anjou n'ont envisagé la tenure à moitié que dans quelques-uns de ses rapports avec le droit féodal. Nous n'en trouvons mention qu'à propos de la saisie féodale et du rachat seigneurial.

La saisie féodale est d'après la définition générale qu'en donne Pothier[1] « un acte solennel par lequel le « seigneur se met en possession du fief mouvant de lui, « lorsqu'il le trouve ouvert, et le réunit à son domaine, « jusqu'à ce qu'on lui en ait porté la foi. » D'après les coutumes d'Anjou, le délai est de quarante jours et de quinze jours dans le Maine après la cession de la terre

[1] Pothier, *Traité des fiefs*, 1re partie, chap. II.

inféodée, au bout desquels le seigneur aura le droit « de mettre en sa main la chouse tenue de luy à foy et « hommaige dedans l'an et jour après que ledict hom- « maige luy sera deu et escheu, etc. »

Jusqu'à la présentation d'hommage le seigneur perçoit les fruits de la terre. Quelles seront les conséquences de cette « mainmise » du seigneur sur les produits d'une métairie? Le contrat de métayage passé entre le vassal propriétaire utile et le colon va-t-il subir une atteinte et la part de fruits qui constitue le droit de ce dernier va-t-elle par la saisie féodale échoir au seigneur saisissant? Les coutumes, si respectueuses qu'elles fussent des privilèges seigneuriaux, ne pouvaient consacrer une pareille injustice. L'article CIII[1] de la coutume d'Anjou limite les droits du seigneur sur les produits de la métairie « à la portion du vassal. »

Les coutumes de ces deux provinces s'accordent encore pour garantir le domaine, ferme ou métairie, contre les abus du seigneur ; s'il s'agit d'une métairie, il ne pourra qu'en partager les fruits sans rien exiger

[1] *Coutume d'Anjou*, art. CIII : « Et fera les fruits siens des heri- « tages tenus de luy à foy et hommaige, et si peult prendre et « lever l'effroüeil, revenu et accrois du bestail nourri du doumaine « et mestairie tenue de luy a foy et hommaige, *pour la portion du* « *vassal, subject et seigneur utile du dict lieu*, avec tous autres « prouffficts, revenus et avantures de Fié qui escherront en la « chouse tenüe de luy, appliquer à son prouffits sans compter les « bois marmantaulx et arbres fructueux, ne empirer la propriété « de la chouse, et en joüira comme un bon père de famille sans « faire aucun ravaige. »

ni entreprendre qui ne soit d'un bon père de famille[1]; bien plus il devra se soumettre aux termes mêmes de la convention intervenue entre son vassal et le métayer, car la coutume, dans son texte comme dans son esprit, impose le respect absolu des droits du colon cela ressort de l'article CXIV de la coutume d'Anjou[2] qui vise, il est vrai, le rachat seigneurial, mais qui trouve également ici son application. Le seigneur subira personnellement les charges inhérentes au contrat; les semences par exemple devront être fournies en parts égales par lui et le métayer.

Le rachat seigneurial qui est pour le seigneur de fief le droit d'avoir « l'année de la chouse tenue de luy a foy « et hommaige[3] » c'est-à-dire la jouissance pendant une année des produits utiles du fonds aliéné par le vassal, donne lieu aux mêmes rapports entre le seigneur direct et les exploitants du sol que la saisie féodale. Aussi les textes des coutumes rappellent-ils les questions soulevées à propos de la saisie féodale et les

[2] Art. CXVII, *Coutume du Maine :* « Et jouira de tout le revenu « de la chose hommagée, tant de bêtes qu'autres choses, ainsi que « le sujet eut pu user, et comme un bon père de famille pourrait « faire : et ne prendra rien du droit des métayers et laboureurs. » La phrase suivante du commentateur est encore plus explicite sur le respect dû au bail passé sans fraude par le vassal : « Le seigneur « est obligé d'entretenir les baux faits sans fraude. »

[2] *Coutumes d'Anjou*, Art. CXIV : « Et est assavoir que s'il y a « mestayeries exploictées en main de mestayers, le mestayer aura « la moitié des fruits d'icelle année en la manière qu'il avait avec « son maître en labourant, semant et servant deuement à la dite « mestayerie. »

[3] *Coutumes d'Anjou*, CXIII.

tranchent-ils de la même façon. L'article CXIV de la coutume d'Anjou[1], auquel nous venons de faire allusion, ne laisse aucun doute sur l'application en cas de rachat des règles précédemment formulées, sur lesquelles il paraît inutile de revenir.

Si à la disposition de l'article CXIV de la coutume d'Anjou, nous joignons le commentaire de cette même coutume, nous sommes forcé de conclure que si ces recueils de lois ne traitent qu'accessoirement de notre contrat ils n'en supposent pas moins la pratique constante. Le commentateur va jusqu'à le considérer implicitement comme le droit commun dans un passage relatif au rachat féodal.

« Quant aux baux à forfait, dit-il, dont la redevance « est réglée à certain prix d'argent ou à certaine quan- « tité de bled, ou autre espèce de grains, l'article 132 « laisse la liberté au seigneur qui lève le rachat dans la « première année qu'il est dû, et qui opte de jouir par « ses mains, de prendre la moitié des fruits, ou autre « portion que le maître a accoutumé de prendre en « colonie partiaire suivant l'usage des lieux, ou de se « contenter du prix de la ferme à son choix, à moins « que la chose ait été affermée pendant trente ans de

[1] *Ibidem*, Art. CXIV, cf. note précédente, page 58. — Olivier de Saint-Vast (*Commentaires sur les coutumes du Maine et de l'Anjou*), s'appuyant sur l'autorité de Pocquet de Livonnière traduit ainsi cet article : « A l'égard des baux à colonie partiaire ou à moitié, le « seigneur à qui le rachat est dû doit les entretenir, et il ne peut « prendre que la moitié des fruits qui auraient appartenu au maître, « laissant l'autre moitié au colon pour ses labours, peines et ense- « mencements. »

« suite, auquel cas le seigneur est obligé de se conten-
« ter de la ferme. »

En d'autres termes, c'est dire que, à la volonté du seigneur saisissant et jouissant par ses mains, le bail à ferme consenti préalablement par le vassal tombe pour laisser place à l'exploitation par métayage tel que le réglemente l'usage local. Il semble bien qu'il y ait dans cette extension excessive du métayage au détriment des droits des tiers, que nous avons vue tout à l'heure si scrupuleusement respectés, une preuve qu'à l'époque de la rédaction des coutumes, le métayage était le contrat le plus général relatif à l'exploitation du sol.

Du silence des rédacteurs du XVIe siècle sur le métayage en tant que contrat principal et de ces allusions qui témoignent de son application très exceptionnelle dans les rapports des seigneurs et des paysans, nous sommes amené à formuler cette observation qui déjà s'est imposée à nous dans les siècles précédents : le métayage, si incontestable que soit son usage fréquent, n'intervenait guère comme convention libre qu'entre la classe qui formait le dernier échelon de la vie sociale, le paysan et la classe immédiatement supérieure, le bourgeois, devenu propriétaire à charge de modiques redevances à la seigneurie voisine, de closeries ou de métairies dont il avait obtenu quelques siècles avant la concession perpétuelle ou à long terme sous conditions encore subsistantes, ou bien peut-être sous cette charge imposée à l'époque des cartulaires de : « *arare, tenere ad medietatem.* » Le partage par moitié, s'il avait été parfois la condition d'une aliénation consentie au seigneur, qui en retour promettait sa protection, lourd pour le tenancier; fastidieux pour le seigneur croisé dût être vite remplacé par une redevance fixe, recognitive de seigneurie, mais assez légère pour que le concessionnaire primitif soit considéré en raison de son domaine utile comme le seul propriétaire du fonds et puisse l'exploiter en passant cette fois un véritable contrat de métayage.

Que devint le métayage après la rédaction des coutumes et sous la monarchie absolue? S'il garde son humble place parmi nos institutions, il fait de moins en moins parler de lui, et pour juger son état depuis le XVIe siècle jusqu'à la Révolution il n'est point d'autre base que l'examen de la situation générale du pays.

L'Anjou [1], déjà ravagé périodiquement par la famine et la peste, eut à subir de rudes coups pendant les guerres de religion. Le Craonnais [2] fut plus encore que

[1] Le 16 septembre 1597, dans une plainte adressée au Roi, le maire d'Angers après avoir rappelé les misères de « toute ceste « province d'Anjou, où les ennemis ont faict le dégast sur les fruicz « qu'ils ont menés à Craon, Montjan, Puencé, etc., » peint l'état de l'Anjou sous les guerres de religion en ces termes : « Les ennemis... « ont prins et enlevés jusque aux sepmences et la part mesme des « colons et mestaiers, tellement que n'y a aulcune espérence que « l'on puisse semer en l'année présente, pour la prochaine et que « les laboureurs et mestayers seront contraints de vendre leurs « bestiaux pour vivre. » (A. Joubert, *Études sur les misères de l'Anjou aux XVe et XVIe siècles*).

[2] Le Craonnais est le principal théâtre de ces ravages. Craon subit plusieurs sièges. Cette place est tour à tour au pouvoir des Huguenots et des Ligueurs. Les environs de Château-Gontier sont également dévastés.

M. de Bodard, *Chroniques Craonnaises*, rappelant les mots d'un autre chroniqueur nous dit que les troupes « pillèrent et ravagèrent « si bien tout le païs que nos villes et nos villages restèrent « déserts. »

les pays voisins victimes de ces luttes civiles. Les paysans, en butte aux déprédations brutales de bandes armées et aux exigences ruineuses des belligérants, durent suspendre leurs travaux et même déserter leurs champs. Bourgeois, mendiants ou maraudeurs, presque tous misérables, se nourrissaient à peine des fruits du sol. L'agriculture tombée sous ces causes étrangères ne pouvait offrir qu'un triste abri aux tristes vestiges de notre contrat.

Le règne pacifique et laborieux d'Hènri IV fut impuissant à guérir les maux des paysans. Il faut pourtant se tenir pour heureux de trouver à cette date l'illustre agronome, Olivier de Serres, qui le premier nous a décrit le fonctionnement du métayage dans quelques provinces du midi de la France et a porté un jugement impartial sur la valeur de ce système d'amodiation du sol eu égard aux données économiques du temps. D'après sa pratique la plus générale, au dire d'Olivier de Serres, le partage des produits se fait par moitié (c'est la proportion qu'il juge raisonnable [1].) D'après lui, les apports sont généralement délimités de la sorte : les travaux incombent au métayer seul, le seigneur et le métayer fournissent par moitié les bestiaux, les outils de labourage et les semences nécessaires à l'exploitation. Il constate que dans certaines provinces (Languedoc, Dauphiné, Provence) la pratique diffère en ce

[1] *Théâtre d'agriculture et mesnage des champs*, Olivier de Serres, chap. VIII, Des façons du mesnage : « J'estime la condition raison- « nable, si en la cueillette, les gerbes ou les grains sont partagés « par moitié entre le seigneur et le mestaier, n'y aiant en icelle « aucun ou bien petit hazard pour des parties. »

que le maître ne partage les produits par moitié qu'à la charge de fournir une collaboration plus étroite ; là, les propriétaires aident les métayers « à semer, sarcler, « moissonner, s'accordant à certaines sommes d'argent « pour la valeur de ces choses ; paient les gages d'un « domestique qui sème tous les grains. » C'est là un mode, dit-il, qui rend « plus cher que de raison la « façon du labourage et conduite des bleds. »

En somme, nous retrouvons approuvées par Olivier de Serres les règles du métayage consacrées par sa pratique dans le Craonnais au xve siècle et que nous retrouverons survivantes, quoique mal comprises, aux siècles suivants. Enfin nous ne saurions dédaigner le jugement que le célèbre agronome porte sur sa valeur économique. Sa doctrine se résume ainsi : Pour qui ne peut pas prendre souci de faire valoir directement sa terre le métayage est préférable au fermage[1].

La voix d'Olivier de Serres ne trouva malheureusement pas d'échos ; ses précieux conseils s'adressaient à une société dont l'élite devait de plus en plus se séparer des classes rurales et méconnaître leurs caractères et leurs travaux. Avant la Bruyère, le 30 mai 1631, le duc d'Orléans dans une lettre adressée à Louis XIII, son frère, dessinait ce lugubre portrait des cam-

[1] *Ibidem*, Ol. de Serres : « Mais si tant est que, et lui et sa femme « (les propriétaires du fonds) se vueillent communément descharger « de l'importune peine et souci du mesnage ainsi le pourront faire, « sans toutesfois abandonner leur bien à la merci du fermier : ainsi « a tel effet le bailleront à cultiver à demi fruits, au tiers, ou au « quarts, ou à autres conditions acceptables, selon les païs, *par ce* « *moien desquelles le bien se maintient en assez bon état.* »

pagnes : « Une partie de vos sujets des campagnes « meurt de faim, l'autre ne subsiste que de glands, « d'herbes et autres choses semblables, comme des « bêtes, les moins affamés mangent du sang qu'ils « ramassent dans les ruisseaux des boucheries. J'ai vu « ces misères de mes yeux depuis mon partement de « Paris. »

Qu'il y ait là une exagération de langage, nous voudrions le croire. On sait pourtant que le règne de Louis XIV fut le témoin le plus insensible de la plus extrême misère de nos paysans. Et si l'on pénètre dans le Craonnais, ce pays qui deux siècles avant semble avoir eu conscience de la fécondité de son sol sous les efforts unis par le métayage du propriétaire et du colon, on y voit accumulés tous les malheurs : stérilité, épidémies, famine, abandon des fermes et mendicité. La peinture du duc d'Orléans va trouver ici une effrayante réalité[1].

[1] Une lettre d'un abbé à son évêque (de Bodard, *Chroniques Craonnaises*, 1620 à 1789), relate ces misères : « Nous entrons dans « des maisons qui ressemblent plus à des étables qu'à des habitations « d'hommes. On trouve des mères sèches qui ont des enfants à la « mamelle et qui n'ont pas un double pour acheter du lait. Quelques « habitants mangent du pain de fougère, d'autres sont trois ou « quatre jours sans en manger un morceau. Les paroisses les plus « pauvres sont : Livré, Ballots, La Selle, Pommerieux et Bou- « champ. »

Ibidem : « L'année 1684 fut encore pire, car les laboureurs n'ayant « pas de blé, abandonnèrent le pays pour aller en Bretagne, et lais- « sèrent leurs terres incultes. » L'auteur donne ensuite la liste des fermes où l'on ne récolta pas l'équivalent des semences, et de celles qui furent abandonnées.

Les dernières années furent encore marquées par d'autres famines ; les enrôlements nombreux de cette époque furent loin de contribuer à en effacer les traces.

Les heures difficiles, comme celles que nous venons de passer, quand elles ne sont pas le témoin de la désagrégation de la société entière, ne font que développer chez l'homme le besoin qu'il éprouve de se grouper, d'associer ses forces à un plus puissant en qui il a foi. Le métayage dut encore se présenter au paysan comme le remède souverain pour abriter sa famille contre le dénuement absolu. La conscience suffit en effet à dicter la violation des règles de ce contrat, dont la nature est inconciliable avec un formalisme rigide, en face d'obstacles matériels à son exécution et tangibles comme la famine : Le maître dont le contrat de métayage fait un ami pour le laboureur, sous peine de résolution prompte, ne pouvait faire valoir son droit au partage dans une année stérile ; le propriétaire d'un fonds baillé à ferme, moins à même de comprendre les misères de son fermier, ne les partageant pas, devait par la force même des choses se sentir moins porté à les soulager et se montrer plus inflexible dans la revendication de ses droits.

Cette crise dut donc plutôt multiplier les contrats de métayage qu'en restreindre le nombre dans le Craonnais. Cette supposition est d'ailleurs en pleine harmonie avec cette opinion consacrée, qui, pour avoir été formulée en termes trop exclusifs, comme cette étude nous l'a jusqu'ici prouvé, n'en contient pas moins une grande part de vérité : les crises agricoles provoquent le développement du métayage.

Les statistiques nous font encore défaut et nous ne saurions asseoir une appréciation générale sur quelques documents privés, par conséquent d'une portée restreinte[1]. Il est donc à peu près impossible de fixer par des chiffres la proportion entre le métayage et le fermage à la fin du XVIIe siècle.

Aux dernières années de cette période néfaste pour l'agriculture, nous trouvons le métayage persistant sur les bases fondamentales consacrées dans le Craonnais dès le XVe siècle, mais de nombreuses clauses accessoires en gênent le fonctionnement et prouvent un arrêt évident, sinon un recul, dans le développement de notre économie rurale[2].

[1] *Bulletin historique et archéologique de la Mayenne*, avril 1890 : Relevé de l'état du revenu assuré des pauvres de l'Hôtel-Dieu Saint-Julien de Laval, extrait au commencement de l'année 1685, par le Duc, administrateur :

Valeurs 2327 livres les biens affermées,
1380 — les biens à moitié,
1845 — les rentes foncières,
530 — les rentes en grain,
56 — les rentes inféodées.

Ces 1380 livres étaient l'estimation de la production moyenne de huit fonds exploitées à moitié fruits.

[2] Bail à moitié de 1734. Le 7e jour de juin mil sept cent trente quatre avant midy :

« Par devant nous, François Louis, notaire royal en Anjou, rési« dant à Craon, furent présents en leurs personnes Pierre Veillon, « M[t] en cette ville d'une part, Pierre Paillard, laboureur et Renée « Monnier, son épouse, de luy authorizée devant nous pour l'effet « des présentes, demeurant au village de Miaules, paroisse de « Livré, d'autre part, lesquels ont été d'accord du bail à moitié, « promesses et obligations qui suivent : C'est à sçavoir que les dits « Veillon a baillé et baille par ces présentes au d. Paillard et femme « à ce présent, stipulant et acceptant pour le temps et espace de « sept années et sept cueillettes qui commenceront au jour et feste « de la Toussaint prochaine et finiront à pareil jour les dites « 7 années. Scavoir est : le lieu et closerie des Miaules, située en « cette paroisse de Livré comme se poursuit et comporte ses apar« tenances et dépendances que les dits preneurs ont dit bien scavoir « et connaître, y être présentement demeurant depuis plusieurs « années sans par les dits bailleurs en faire aucune réserve à la

Un contrat de cheptel est uniformément joint au contrat de métayage dans tout le cours du XVIIIe siècle. La règle de l'apport par moitié que nous considérons comme une loi du métayage et qui était d'une application générale au XVe est loin d'être d'un usage constant. Dans la plupart des baux, les bestiaux fournis par le propriétaire et estimés dans l'acte, paraissent être les seuls qui garnissent la métairie. La responsabilité, soit totale, soit partielle du fermier en cas de perte de bestiaux n'existe à sa charge qu'en cas de faute de sa part,

« charge par les dits preneurs d'en jouir en bon père de famille « sans y rien démollir ny malverser, de labourer, graisser, fumer « et ensemencer les terres labourables du dit lieu en temps, et y « celui rendre ensemencé la dernière année du présent bail de « pareille quantité de terre et espèces de sepmances que le dit lieu « a accoutumé, les foings et pailles aoustés et embargés en lieux « ordinaires, les chaulmes et le (mot déchiré) sur le pied, de « n'abattre aucun bois par pied ni branche ni autrement (hors les « taillables et émondables qu'ils pourront couper et émonder en temps « de saison par coupes er sœves égales. Feront les dits preneurs « sur les maisons et logements du dit lieu, une journée de couver- « ture d'ardoise et une de terrasse au mur — pourquoy faire four- « niront de toute matière, de bois à faire latte et barreau qui leur » sera fourny par les dits bailleurs, quinze toises de fossés neufs « ou réparés, le tout aux endroits les plus nécessaires, planteront « 4 sauvageons qu'ils rendront pris vifs et antés de bonnes espèces « de fruits et les armeront d'épines pour les conserver du dommage « des bestiaux et tout par chacun an éleveront dans les premières « années du présent bail une pépinière d'arbruisseaux, moitié de « chataigniers, moitié de pommiers, nourrissant 2 petits cochons « de lait lesquels seront fournis moitié par moitié ; aussi donneront par chacun an de redevance au dits bailleurs, 15 libres de beurre « net en pot, 2 chapons, 4 poulets — oysons — fouasse aux Rois de « la valeur de 2 mesures de froment rouge dans laquelle ils feront » mettre beurre et œufs. — Seront les rentes que le dit lieu peut « devoir levées sur le monceau commun pour être payées à ceux à « qui elles sont dues ; au surplus seront les grains, fruits et émou- « loments (émoluments) qui proviendront du dit lieu partagé, « moitié par moitié entre les deux parties, les grains aux « boisseaux, les (mots effacés) broyés au poids et à la livre, et il ressort des termes du plus grand nombre des conventions que la preuve de la faute incombe au propriétaire bailleur, contrairement aux termes des articles 1731, 1732 et 1733 du Code civil et de l'article 4, 2° de la loi du 18 juillet 1889 sur le bail à colonat partiaire (tit. IV, liv. I, du Code rural [1]). Les redevances de toute nature dues par le fonds sont payées sur le monceau commun ; les semences sont fournies par moitié ; les travaux de quelque nature qu'ils soient sont universellement laissés à la charge du métayer ; dans quelques contrats les fruits à cidre sont soustraits au partage par moitié au profit exclusif du propriétaire.

Enfin parmi les redevances le plus souvent stipulées dans les baux, nous en trouvons qui paraissent relativement importantes et excessives. Dans un bail daté du 6 mars 1775 le propriétaire exige du colon l'abandon à son avantage d'un agneau pris sur la bergerie commune et la redevance annuelle d'un boisseau du meilleur grain prélevé sur le tas commun, « pour lui

« les fruits au tonneau pour la moitié franche ; de tous quoy « être rendue par les dits preneurs aux dits bailleurs, en sa de- « meure à Craon, lesquels preneurs ont reconnu et confessé estre « chargés par la somme de quarante-cinq livres dix sols de tous « bestiaux, lesquels bestiaux ils promettent et s'obligent traiter et « garder et conserver à leur possibilité sans qu'il puisse leur arriver « aucun accident par leur faute, ny qu'ils puissent les vendre, « engager ni échanger que par l'expres consentement du dit « bailleur, auquel ils promettent et s'obligent rendre à échéance du « présent bail pour pareille somme de 45 livres 10 sols de bons « bestiaux à dire d'experts dont ils conviendront, ensemble le « nombre de 6 boisseaux de bled, etc. »

[1] Notons dès maintenant que l'article 35 des *Usages ruraux de l'arrondissement de Château-Gontier* atteste dans cette partie du Craonnais la survivance de la tradition à laquelle nous avons fait allusion, rejette le principe universellement adopté de l'article 1731 et consacre la présomption inverse.

« tenir lieu de pain d'étrennes » ; ailleurs c'est un gâteau (fouasse) dont les ingrédients sont déterminés au poids et à la mesure dans l'acte notarié. Des pots de beurre sont dûs par les métayers et le partage s'opère jusque sur les châtaignes. Remarquons en outre dans un bail de 1757 [1] une telle énumération de travaux imposés au métayer sur la réserve des bailleurs que le contrat semble avoir repris sa forme primitive et complexe de la première partie du moyen âge et rappelle les corvées exigées par le seigneur sur le « *mansus* « *dominicatus.* » Il n'en est rien pourtant. Que ces clauses soient funestes à la prospérité de l'exploitation qui y est soumise, ce n'est pas douteux. Mais le contrat renferme au profit du métayer des conditions avantageuses et anormales destinées à équilibrer pour chacune des parties les profits et les charges. Ces échanges de service, quelque étrangers qu'ils soient au contrat de métayage et tout défavorables au progrès agricole qu'ils puissent être, prouvent d'abord que les

[1] Bail à moitié de la métairie de la Brosse, paroisse de Livré (1757): « S'obligent les dits preneurs de charroier avec les bœufs et harnais « du dit lieu pendant le cours du présent bail tous les matériaux « nécessaires pour les réfections et réparations d'une maison située « proche les halles de cette ville (Craon), appartenant au seigneur « propriétaire du dit lieu et exploitée par la demoiselle Nicollard « de Fonteinnes, sans aucun salaire ou récompense. Feront les dits « preneurs tous les charrois et labourages nécessaires pour ense« mencer les terres du dit bailleur de son dit moulin de Courbure « et charroiront de la pré du dit moulin tout le foin nécessaire « pour la provision des bestiaux du dit bailleur, pour le profit « duquel ils feront en outre pendant le cours du bail deux charrois « à trois ou quatre lieues de distance du dit lieu, le tout sans salaire « ni récompense hors la nourriture des hommes seulement. Four« niront les dits preneurs au dit bailleur tout le chaume qui pro« viendra dans la pièce du Croix piau, dépendant du dit lieu, les

parties ont entendu passer un contrat, participant plus de la société, que du louage. Ils attestent en même temps, par la multiplicité des liens et la liberté conservée aux parties de les dissoudre « sans dire les raisons de mécontentement » un esprit vivace d'association et de collaboration entre la bourgeoisie déjà entreprenante et ses voisins, les paysans.

Enfin, si la prestation colonique a toujours été une pratique exceptionnelle dans le Craonnais, nous devons constater à la fin du siècle dernier et dans les premières années du nôtre l'existence de conditions analogues, consistant tantôt dans un droit d'entrée payable en argent au propriétaire au commencement du bail, tantôt dans la soustraction au partage d'une part de la dernière récolte au détriment du colon sortant.

En somme, si le contrat de métayage à la fin du XVIIIe siècle est resté lui-même dans ses éléments principaux, il est dénaturé par les multiples clauses accessoires inspirées par les vues trop courtes des propriétaires, généralisées par une économie rurale mal com-

« années qu'elle sera ensemencée et les autres années ils lui fourniront une chartée de chaume du dit lieu et une chartée de fougère tout quoy ils lui rendront en sa demeure, en récompense de « quoy les dits preneurs auront le fumier des bestiaux du dit « bailleur et qui luy restera. Lorsque les terres de son moulin « seront graissées, charroiront les dits preneurs aussi sans salaire « toute la paille que le dit bailleur achètera pour la nourriture de « ses bestiaux. A été expressément convenu entre les parties que si « elles sont mécontentes les unes des autres pendant les quatre « premières années du présent bail, il demeurera nul et résilié « pour les cinq années qui resteront à expirer sans aucun dédommagement de part ni d'autre et *sans être tenues de dire les raisons « du mécontentement,* en s'avertissant néanmoins six mois avant « la Toussaint par une simple sommation. »

prise et persistantes sous ces mêmes influences jusqu'à la révolution économique dont l'éclosion ne s'est produite que dans la première moitié de ce siècle.

Nous venons de constater la déchéance de notre contrat, symptôme constant de la souffrance de l'agriculture qui n'a pu se relever des désastres accumulés depuis les guerres de religion. Faut-il donc maintenant s'étonner du jugement sévère de A. Young[1] sur l'exploitation par métayage en France, jugement qui, bien que généralement taxé de partiale exagération, n'en a pas moins été la source principale du mépris que tous les agronomes du commencement de ce siècle avaient voué au métayage? Remarquons que Young débarqué en Normandie ne fit que de loin le tour du Craonnais, traversant la Bretagne et remontant la Loire. Il jugea donc le métayage ailleurs, dans le centre de la France où il ne paraît pas encore avoir trouvé de nos jours sa forme définitive.

Gardons-nous d'une illusion, même dans le passé : l'impression du touriste anglais n'eut peut-être pas été plus favorable dans le Craonnais, car ici, comme ailleurs, le métayage et l'agriculture souffraient d'un mal général.

« De véritables douanes entre les provinces, dit « M. de Lavergne[2], empêchaient la circulation des pro- « duits agricoles, que rendait déjà très difficile l'insuffi- « sance des voies de communication, si bien que telle « partie de la France manquait de tout, tandis que ses

[1] Arthur Young, *Voyages en France*.

[2] Léonce de Lavergne, *Économie rurale de la France depuis 1789*, t. Ier, Introduction.

« voisins regorgeaient de blé, de viande ou de vin. L'au-
« torité publique autorisait ou défendait arbitrairement,
« soit l'importation, soit l'exportation des grains ; elle
« s'arrogeait le droit de vider les greniers, de fixer le
« prix du blé et même de régler les ensemencements.

« Toute modification à l'assolement établi était inter-
« dite par des intendants ignorants, comme une atteinte
« à la subsistance publique ; on voulait des céréales
« avant tout, et on ne savait pas que la variété des cul-
« tures était précisément le plus sûr moyen d'en
« obtenir.

« Il était défendu, dans la même pensée, de planter
« des vignes sans autorisation, le dernier édit qui renou-
« velle cette prohibition était de 1747, et ce n'était pas
« une lettre morte. Bien plus que les dîmes et les droits
« féodaux, ces entraves rendaient impossible tout per-
« fectionnement agricole et ramenaient périodiquement
« une famine tous les dix ans. »

Les métayers luttaient en vain. En vain deux ou trois familles associaient-elles leurs biens et leurs bras pour l'exploitation d'une métairie dans un contrat dit *« d'apar-« tissement »*, société familiale renouvelée ou conservée des anciennes communautés taisibles, dont nous trouvons la trace fréquente dans les minutes du XVIIIe siècle. L'État toujours impuissant à suppléer à l'initiative privée, formulait de vaines promesses[1]. Pour ne pas

[1] Le Play, *Réforme sociale* : « Même au XVIIIe siècle, dit cet auteur, à cette époque funeste où s'accréditèrent tant d'erreurs sous l'influence de courtisans corrompus par l'oisiveté, l'administration publique se croyait tenue de témoigner officiellement de son respect pour l'agriculture. Mais la tradition du travail agricole se désorganisait de plus en plus à chaque génération. »

succomber sous le poids des entraves énumérées par M. de Lavergne, il eût fallu l'association du paysan et de la classe immédiatement supérieure. Le métayage, qui seul la réalisait, était impuissant à la féconder, car la noblesse s'éteignait en tant que corps social, pour avoir méprisé le travail [1] et la bourgeoisie n'avait pas encore la liberté suffisante pour s'atteler sans crainte à la tâche.

Les encyclopédistes pensèrent que le métayage créait plus que tout autre procédé d'amodiation « une situa- « tion déplorable » pour le propriétaire qui « y trouve « rarement un revenu équivalent à l'intérêt de son ar- « gent » et pour le métayer « qui se permet chaque « jour des dilapidations de toute espèce » et n'est qu'un « fripon » par le vice même du contrat [2].

[1] On sait le jugement sévère, mais peu conciliable dans sa forme avec la raideur britannique, de A. Young sur les châtelains dont il vante la table, l'esprit et le toit hospitalier, mais sur lesquels il fait peser une lourde responsabilité : celle d'entraver par leur inertie le développement de l'agriculture et d'abriter à l'ombre de leurs châteaux les plus misérables des métayers.

Si les sentences aussi dures eussent été de mode, la noblesse de ce temps moins belliqueuse, peut-être, mais non moins insouciante, eut répété volontiers ce mot du maréchal de Marillac, condamné à mort sous Richelieu pour péculat. « Péculat ! disait-il, un homme de qualité comme moi condamné pour péculat : Il ne s'agit dans mon procès que de foin et de paille ! Il n'y a pas de quoi fouetter un laquais. »

« Ces nobles seigneurs, ajoute Bonnemère, ne daignaient pas comprendre que ces misérables questions de foin et de paille sont des questions de vie et de mort pour l'agriculture. » Bonnemère, *Histoire des paysans*, t. II.

[2] *Encyclopédie*, au mot métairie (abbé Teissier). L'auteur de l'article résume sa pensée dans cette sentence : « Je gémis de voir « ce mode de location en faveur dans une grande partie de la « France au détriment de la morale et de la fortune publique. »

Les économistes, nés d'hier, jugeant exclusivement le métayage d'après les éléments hybrides qui le constituaient alors, et acceptant sans contrôle les préjugés du siècle se refusaient à voir dans ce mode d'exploitation un aide puissant à la rénovation économique qu'ils rêvaient

Les troubles de la période révolutionnaire n'étaient point faits pour opérer le rapprochement utile des classes même dans le Craonnais où nobles et paysans, mûs par une aspiration commune, se serrèrent les coudes, armés les uns de leurs fusils de chasse, les autres de fourches et de faux dérobées au travail des champs, sans songer que l'union de leurs efforts, avant comme après la lutte, eût pu être fertile en résultats économiques.

Franchement, il eût été surprenant de voir les législateurs de 1804, puisant leurs renseignements à de pareilles sources prendre en faveur le contrat de métayage. Dans les travaux préparatoires, on n'envisagea que la question théorique de savoir à quel contrat nommé il fallait rattacher le métayage. On laissa la question sans réponse, et les derniers débats parlementaires nous prouveront la sagesse de cette réserve. Mieux encore que pour leurs prédécesseurs du commencement du XVIe siècle, ce silence des rédacteurs du Code civil, aujourd'hui réparé, trouve une plausible explication dans le discrédit qui s'attachait au métayage à cette époque non sans une apparence de raison, plus encore dans l'ignorance forcée du législateur et dans l'incompatibilité entre ses fonctions et la pratique du métayage.

L'évolution qui dans la première moitié de ce siècle a changé les bases de notre économie rurale ne réintégra pas le métayage. La baisse constante de la valeur de l'or et de l'argent et la multiplication prodigieuse des débouchés ouvraient pour notre agriculture une ère de prospérité qu'elle n'avait jamais entrevue. Il sembla, et l'erreur fut trop partagée par toutes les industries, que les efforts individuels devaient l'emporter sur le partage des charges et des bénéfices, et que l'indépendance, inséparable de la désunion, n'était qu'une forme progressiste de la liberté. Après les théoriciens, les praticiens à leur tour prônèrent l'individualisme comme un état propice à la production et en agriculture les faits paraissant s'accumuler à l'appui de la doctrine, presque tous les économistes s'accordèrent jusqu'au dernier quart de ce siècle pour préférer le fermage au métayage.

L'examen de cette question distincte de l'histoire du métayage ferait l'objet d'un traité d'économie rurale et mettrait en branle de multiples questions pleines d'actualité, qui, se rattachant dans leur point de départ au domaine de l'économie politique nous entraîneraient dans leurs discussions sur un terrain étranger à l'étude juridique du contrat de métayage.

S'il nous était loisible de rechercher la valeur économique du métayage moderne et le rôle social qu'il est appelé à jouer, il suffirait de recueillir les suffrages que lui accordent chaque jour avec plus de conviction les agronomes les plus éminents. N'est-ce pas l'éloge économique du métayage que M. Grandeau[1] fait en ces termes : « Il est grandement temps, pour les proprié-

[1] M. Grandeau, *Études agronomiques*, 3e série, 1887-1888.

taires du sol, de sortir de l'indifférence dans laquelle ils demeurent vis-à-vis des questions agricoles, si intéressantes pour eux cependant. Qu'ils s'associent à leurs fermiers, qu'ils les encouragent et les aident pécuniairement, en attendant l'organisation si pleine de difficultés et de lenteurs d'un crédit agricole. Ils trouveront dans ces agissements une rémunération de leurs soins et de leurs capitaux, moins rapide que ne le sont parfois les spéculations financières ou industrielles, mais autrement sûre et féconde pour l'avenir du pays. »

Nous pourrions mieux encore faire juger les services moraux qu'il rend aux familles en même temps qu'il leur assure le bien-être en suivant la voie tracée dans les intéressantes monographies que M. Lecorbeiller, rapporteur du Jury dans les concours pour la prime d'honneur et les prix culturaux dans la Loire en 1890, a publiées très récemment dans le *Journal d'agriculture* [1] et notamment dans la description des domaines des Gayets et de Villemeunier, contenue dans le numéro de ce journal du 29 octobre 1890.

L'occasion se présentera d'ailleurs à chaque pas d'apprécier la valeur économique de chacun des éléments de ce contrat puisque nous devons aborder l'étude de la législation récente sur le métayage, déterminer son caractère en la comparant au droit antérieur et signaler les solutions juridiques qui nous paraîtront dictées par la loi du 18 juillet 1889 (*Code rural*, liv. Ier, tit. IV) et par nos usages ruraux.

[1] *Journal d'agriculture*, n[os] des 25 et 29 octobre 1890.

DEUXIÈME PARTIE

ÉTUDE JURIDIQUE DU CONTRAT DE MÉTAYAGE

CHAPITRE PREMIER

Nature juridique du contrat

SECTION PREMIÈRE

HISTORIQUE DE LA QUESTION DANS L'ANCIEN DROIT ET SOUS L'EMPIRE DU CODE CIVIL

Si l'étude économique du métayage n'a mérité l'attention publique que depuis quelques années, la question de savoir à quel contrat défini par le législateur il fallait l'assimiler a dès longtemps suscité de nombreuses discussions. Le doute existait à Rome, un texte de Gaius en fait foi, et la solution vague qu'il donne n'a pu qu'accroître la perplexité de nos jurisconsultes français.

Les légistes, Barthole, Accurse, Fachin, Vinnius, etc..., commentant la définition qu'ils crurent trouver dans la loi 25, parag. D., XIX, 2, s'évertuent tour à tour à trouver une formule différente de celle de Gaius, exprimant avec la même force l'analogie et affirmant avec une égale indécision le défaut d'identité entre le contrat de société et le contrat partiaire.

Cujas et Domat ne craignent pas de formuler des opinions plus précises, mais, nouvelle preuve que cette question ne comporte pas de solution absolue dans la voie qu'ils suivent, ils apportent l'un et l'autre des contradictions flagrantes à leur premier jugement[1]. Les jurisconsultes qui suivirent redevinrent hésitants. Guy Coquille[2], après avoir fouillé le Digeste pour y puiser le fondement de la solution qu'il cherche, accumule des textes se rapportant exclusivement, les uns au contrat de louage, les autres au contrat de société, d'autres enfin aux contrats de mandat et de dépôt tous également applicables sur quelques points au métayage, d'où il se voit forcé d'avouer qu'il se trouve en face d'un contrat qui ne se prête pas à un rapprochement absolu avec tel ou tel contrat nommé. C'est, dit-il,

[1] Cujas, commentaire sur la loi 13, livre XIV, titre V, t. III, col. 930, dit : « *Cum partiario colono non contrahitur locatio, sed* « *societas...* » ailleurs : « *Locatio fit mercede, non partibus rei* », et dans son *Commentaire* sur la loi 35, livre XIX, tit. 2 : « *Quin etiam* « *tentari potest et locationem esse si cum partiario ita convenerit ut* « *inferret quotannis fructum qui perceperunt in partem dimidiam aut* « *tertiam, nullo addicto modo.* »

[2] Guy Coquille, *Coutumes du Nivernais*, page 2, CCV : « Quelle « société de mestayrie ; *an societas an contractus innominatus :* Et si « les métayers meurent, leurs héritiers seront-ils tenus de conti- « nuer. »

« *contractus promiscuæ naturæ et quasi hermaphroditi.* »

Et plus loin il formule une idée non moins raisonnable : « aussi est à considérer que pour juger la na- « ture d'un contrat et d'un négoce, il faut avoir égard au « premier mouvement et intention des contractants. » Par cette voie il arrive à la solution qui vient, ce semble, d'être consacrée par la législation récente : le contrat de métayage a des règles propres ; il ne saurait être défini par référence avec tout autre contrat.

Est. Pasquier[1] et plus tard Pothier[2] n'envisagent point notre question de face. Très étrangers l'un et l'autre au fonctionnement du métayage de leur temps, le premier chez lequel le parallèle entre la terminologie différente du colonat partiaire à Rome et du métayage en France provoque seule des réflexions, le deuxième parce que sa province ne pratique pas ce contrat, tous les deux semblent le considérer plutôt comme un louage que comme une société : l'identité de l'objet sur lequel portent le fermage et le métayage leur dicte cette préférence.

Les coutumes se turent sur cette question, nous le savons. Nous savons également que le Code civil, sur le rapport peu explicite de M. Galli[3], ne mentionna notre contrat au titre du louage (art. 1763-1771) que pour

[1] Est. Pasquier, *Recherches sur la France*, liv. VIII, ch. LVI.

[2] Pothier, *Traité du contrat de louage*, page 1, chap. II, 39 : « Quelquefois aussi les héritages s'afferment pour une portion ali- « quote des fruits qui se recueilleront ; par exemple à la charge que « le fermier donnera au locateur la moitié des blés qui seront « recueillis par chacun an, ou le tiers ou le quart : Ces sortes de « baux se nomment *des baux partiaires*. »

[3] Fenet, *Travaux préparatoires*, t. XIV, page 317.

retirer au métayer le droit de sous-location et pour écarter tout droit à une remise au profit du colon partiaire « lorsque la perte des fruits arrive après qu'ils sont séparés de la terre. » Un paragraphe entier du Code (art. 1827 à 1830) traite « du cheptel donné au colon partiaire » sans que la moindre indication y soit donnée sur la nature du contrat de colonat partiaire.

En face de ce silence, l'incertitude devait durer et les discussions ne point tarir. Aujourd'hui elles appartiennent au domaine de l'histoire et nous ne devons les relater qu'en tant que ces souvenirs sont nécessaires à l'intelligence des débats parlementaires sur le livre Ier, titre IV, du Code rural et des dispositions de ce code qui règlementent actuellement le métayage et forment la loi du 18 juillet 1889.

Trois opinions principales partageaient les jurisconsultes et la jurisprudence elle-même : les uns voulaient y voir un louage et lui appliquer toutes les règles de ce contrat sous réserve de quelques dérogations exprimées limitativement par la loi, notamment en ce qui concerne la cession du bail et la nature du prix de ferme. Les partisans de cette opinion ont dû tout d'abord tenter d'assimiler le partage des fruits au prix de fermage, besogne malaisée. Il leur a fallu s'exagérer l'importance de la terminologie du code et découvrir au titre du louage une réglementation de notre contrat qui ne s'y trouve pas. Enfin ils ont été hantés par cette idée trop absolue que la convention par laquelle un propriétaire baille sa terre à autrui à charge d'exploitation, quelles que soient d'ailleurs les clauses du contrat, ne pouvait avoir qu'un caractère unique en raison de l'identité d'objet et ne pouvait constituer qu'un louage[1].

Les autres auteurs[2] considérant avant tout que le métayage, dans son fonctionnement économique normal, présente en fait une association de forces, de capitaux et de bénéfices et cadre sans conteste avec la définition que donne l'article 1832 du contrat de société n'ont voulu y voir qu'une forme de ce dernier type de contrat, refusant toute portée à la terminologie du Code et à la place que les quelques allusions relatives à notre contrat y occupent, et méconnaissant la forme exceptionnelle des articles 1763 et 1771. Sous l'influence de l'économie actuelle qui a resserré en fait les liens du propriétaire et du cultivateur en développant le métayage, et aussi avec l'appui de la jurisprudence[3] qui se dessinait en ce sens, cette doctrine semblait appelée à prévaloir sous l'ancienne législation.

Elle avait un adversaire redoutable dans la troisième opinion que les hésitations ou les contradictions des défenseurs des deux précédentes suffiraient à imposer.

[1] En ce sens : Aubry et Rau, Duvergier, Colmet de Santerre :
Aix, 6 février 1822, Sirey (1822-1824), 2-22.
Nîmes, 14 août 1850, *ibid.* (1850), 2-477.
Paris, 21 juin 1856, *ibid.* (1856), 2-560.

[2] En ce sens : M. Troplong, M. Méplain, *Traité du bail à portion de fruits.*

[3] En ce sens :
Limoges, 21 février 1839, Sirey (1839), 2-406.
Nîmes, 14 août 1850, *ibidem* (1850), 2-477.
Bourges, 7 décembre 1885, *ibidem* (1885), 2-107.
Riom, 19 novembre 1884, *ibidem* (1885), 2-125.

C'est la doctrine qu'après de longs tâtonnements Guy Coquille avait adoptée en caractérisant le contrat de colonat partiaire par ces mots déjà cités : « *contractus « promiscuæ naturæ et quasi hermaphroditi.* » C'est la seule opinion qui ne soulève point d'objections juridiques irréfutables. C'est elle qui se concilie le mieux avec les éléments de fait du métayage ; c'est elle enfin qui se prête le plus facilement à la saine interprétation de l'intention des parties et contredit le moins les principes généraux du droit.

Si l'on analyse juridiquement le contrat de métayage qu'y voit-on ? Un contrat par lequel un propriétaire confie son domaine à une autre personne à charge pour elle d'exécuter sur cette terre les actes matériels qu'exige l'exploitation agricole. C'est là un caractère commun avec le contrat de bail à ferme et les parties ont entendu à ce point de vue contracter des obligations analogues à celles qui tient le propriétaire et le fermier. A titre d'exemple citons l'obligation de la délivrance qui sera soumise aux mêmes règles dans les deux contrats, car dans l'un comme dans l'autre le propriétaire s'est engagé à faire jouir, et on ne concevrait pas que cette même obligation contractée par un propriétaire dans deux circonstances aussi semblables ne produisit pas les mêmes effets, ne fut pas régie par les mêmes textes.

Mais dans notre contrat il n'y a pas de prix fixé ; il faut donc rejeter toutes les règles du titre du louage relatives à l'obligation pour le fermier de payer une somme d'argent, de même le fermier jouit et administre pour le tout dans son propre intérêt, tandis que le métayer cultive dans un intérêt qui lui est commun avec le propriétaire. La cause des obligations de l'un et de l'autre étant différente elles auront pour l'un et pour l'autre une portée différente ; et les obligations réciproques du métayer et du propriétaire ne sauraient trouver leur mesure au titre du louage.

Cette communauté d'intérêt met le propriétaire et le métayer à plusieurs points de vue dans des rapports analogues à ceux qui existent entre associés, notamment en ce qui concerne le partage des profits et la contribution aux pertes ; ce lien d'association fait du métayage un contrat passé « *intuitu personæ.* »

Tels sont les principes qui, pensons-nous, en l'absence d'une législation plus précise, devaient guider vers la solution des questions relatives au métayage. Comment la loi du 18 juillet 1889 a-t-elle tranché cette question, restée indécise dans l'histoire de notre droit ?

SECTION II

SOLUTION APPORTÉE PAR LA LOI DU 18 JUILLET 1889

(Liv. I, tit. IV, Code rural)

En 1881, M. Clément rapporteur du projet de loi au Sénat, après avoir rappelé l'interminable discussion sur la nature du colonat partiaire et insisté sur son double caractère de bail et de société, par une anomalie insaisissable, proposait au nom de la commission la définition suivante : (Art. 48) « Le bail à colonage partiaire « ou métayage est le louage d'un héritage rural que le « preneur s'engage à cultiver, sous la condition d'un « partage de produits avec le propriétaire. « Le Sénat, sans même qu'elle fut relevée, accueillit cette contradiction entre l'exposé des motifs et la solution proposée et sanctionna par son vote cette définition mal assise.

Le rapporteur du même projet de loi à la Chambre des Députés, dans la séance du 12 juin 1888, M. Million[1] ne pouvait manquer de signaler ce manque de logique et devait essayer d'en réparer les conséquences. « Il a paru à votre commission, dit-il, impossible de « laisser subsister dans une loi cette source d'équi- « voques d'un texte proposé pour affirmer que le « métayage est un louage et adopté dans l'idée qu'il « n'en est pas un. »

Dès lors le premier terme de la définition s'imposait. Il devait défendre toute assimilation du métayage avec le louage et la société. C'est ainsi que le comprend le rapporteur de 1888, ses termes en font foi, et c'est l'idée simple qui se dégage de l'art. 1er de la loi du 18 juillet 1889 ; tout commentaire l'obscurcirait : « Le bail à colo- « nat partiaire ou métayage est le *contrat* par lequel le « possesseur d'un héritage rural le remet pour un cer- « tain temps à un preneur qui s'engage à le cultiver « sous condition d'en partager les fruits avec le « bailleur. »

Et le Sénat de ratifier, sur un dernier rapport de

[1] Rapport de M. Million à la Chambre des Députés, *Journal officiel* du 27 juillet 1888.

M. Peaudecerf, le 5 juillet 1889, les décisions de la Chambre, si contraires qu'elles fussent en apparence aux siennes. Le rapporteur n'eut que le tort de faire croire aux sénateurs qu'il n'y avait eu « de la part de la « Chambre des députés que des modifications excessive- « ment peu importantes[1]. »

Dans la discussion au Sénat, il est vrai, il fut déposé un amendement déclarant que, en cas d'absence de réglementation dans la loi nouvelle, il faudrait se reporter aux règles de la société ; cet amendement fut rejeté et devait l'être, car il ne mettait fin à aucune controverse; il ne fournissait aucune ligne de conduite à suivre. Du reste il devait, suivant nous, être rejeté pour un autre motif. Il semblait faire du bail à colonat partiaire une espèce de contrat composite soumis nécessairement partie aux règles du louage, partie aux règles de la société. Cette manière de raisonner se concevait dans la législation romaine où la volonté des parties, loin d'être souveraine, n'était obligatoire qu'autant qu'elle se pliait aux formes et aux conditions de certains contrats déterminés et réglementés d'avance. En droit français c'eut été méconnaître sans raison cette souveraineté de la volonté en lui interdisant de créer ou plutôt d'user d'un contrat non codifié mais ancien, et se distinguant très nettement de la société et du louage par certains côtés.

Le vote de la Chambre est donc significatif, et le rapport qui l'explique en est le meilleur commentaire.

Le législateur envisageant le contrat de métayage

[1] *Journal officiel* du 6 juillet 1889.

comme indépendant dans son principe de toute convention expressément réglementée au Code civil, devait logiquement tracer toutes ses règles qui ne sont pas l'application stricte des principes généraux contenus au titre des obligations. Il ne l'a pas fait : les treize articles consacrés dans le code rural ne sauraient en effet avoir la prétention de résoudre les questions nombreuses et souvent insolubles que le métayage suscite dans sa théorie. Nous devons nous en féliciter, partageant quelque peu, à l'égard tout au moins d'institutions aussi variables dans leurs éléments et dans leurs modes que le métayage, l'avis d'Est. Pasquier dans son chapitre intitulé : « Pour parler du Prince. ». « Plus vous « establissez des lois, dit-il, plus vous donnez d'ouver- « tures à involutions et brouilleries. »

Ajoutons que cette sévère critique n'a pu être inspirée en aucun temps par la législation sur le métayage, le silence ayant toujours été la règle du législateur en notre matière et cette convention, peut-être grâce à cette absence de documents législatifs, n'ayant que bien rarement donné « ouverture à brouilleries. »

La législation récente ne s'est départie de la tradition que dans une juste mesure, et cette réserve n'a été dictée que par le respect absolu de la liberté des conventions dont on a voulu faire la loi fondamentale et presque illimitée de ce contrat « protéiforme », comme le qualifie le rapporteur à la Chambre des députés.

La convention est la loi souveraine des parties, c'est le principe général de l'article 1134, C. C., M. Million n'a pas omis de rappeler que l'intention des parties contractantes doit être considérée comme l'unique règle de notre contrat, et que toute disposition destinée à suppléer au silence du contrat, de quelque autorité qu'elle émane, ne mérite d'être prise en considération qu'autant qu'elle est l'expression juste de la volonté probable des parties.

A la recherche de cette commune intention l'autorité du guide est indépendante de sa forme et du caractère de son auteur. Autrement dit, la loi n'a d'autre portée dans la circonstance que d'aider, à défaut d'autre indication, à fixer l'esprit général du contrat de métayage, et à guider le juge lorsque la convention est muette, lorsque dans le milieu où vivent les contractants aucune pratique analogue n'a dû servir de modèle et ne peut révéler leur pensée.

Quels sont donc ces témoignages qui priment la loi elle-même par sa propre abdication et quels sont les fondements de cette théorie? Presque toutes les dispositions de la loi du 18 juillet 1889 ne sont édictées que sous réserve expresse des usages locaux. Ce que sont ces usages et sur quelle base repose leur autorité, c'est ce qu'il importe d'établir.

SECTION III

PORTÉE DES USAGES LOCAUX RELATIVEMENT AU CONTRAT DE COLONAT PARTIAIRE

En droit français, le législateur pourrait être muet sur tout ce qui n'intéresse pas l'ordre public, si les parties exprimaient avec précision leurs volontés et prévoyaient pour les réglementer toutes les conséquences qui peuvent découler de leurs conventions. A défaut de réglementation minutieuse dans un acte écrit, pour pénétrer l'intention des parties, il faut, nous l'avons dit, s'en référer à l'examen des circonstances de toutes natures qui ont présidé à l'accomplissement de l'acte. Ces influences déterminantes, presque toujours identiques dans une contrée, dictent un contrat qui tend à devenir uniforme sous tous ses aspects. C'est cette forme générale, sinon unique de la région, que constate l'usage, qu'il ait été l'objet d'une codification ou qu'il ressorte de la jurisprudence locale. Ce sont ces usages croyons-nous, où la loi veut voir l'expression de la volonté des parties à défaut de stipulation expresse et devant lesquels sa décision propre est non avenue.

Nous n'écartons pas la loi et ne méconnaissons pas l'adage souvent peu conforme à la vérité, que nul n'est censé l'ignorer. Au cas où il y aura doute par suite d'une circonstance quelconque soit sur l'existence de l'usage des lieux, soit sur le point de savoir si les parties ont voulu l'adopter, dans ces circonstances il ne sera pas démontré que les parties ont voulu écarter la loi générale et celle-ci devra être appliqué.

Ces solutions pourront paraître mauvaises à ceux qui, n'ayant jamais vécu au milieu des campagnes, ne se sont jamais rendu compte de la force de l'usage dans les rapports entre propriétaires et fermiers ou métayers. Ces personnes ne verront qu'incertitude dans notre système et voudront n'admettre l'usage que dans le cas où le législateur l'a formellement sanctionné. Nous n'hésitons pas à dire que ce serait aller contre la volonté tout aussi bien du législateur de 1889 que des parties contractantes.

D'ailleurs que ces personnes se rassurent : les usages sont formellement établis et presque jamais dans une contrée il n'y a doute sur l'étendue des obligations des propriétaires et métayers et la meilleure preuve en est dans l'absence de décisions de jurisprudence constatée à plusieurs reprises dans la discussion de la loi. Plaise au ciel qu'il en soit toujours ainsi sous l'empire de la nouvelle législation et que le mot d'Est. Pasquier ne trouve point sa justification.

De plus à l'heure présente ces usages ont été presque partout l'objet d'une codification, si nous pouvons ainsi parler, rédaction faite sous l'inspiration des Sociétés d'agriculture, par des Commissions composées de magistrats, devant lesquels les difficultés avaient été portées et de propriétaires qui voyaient fonctionner devant eux le colonat partiaire et qui dirigeaient dans l'arrondissement des métairies plus ou moins importantes.

La valeur et la portée de ces usages ne peuvent être mis en discussion : ce sont des sources précieuses pour nos législateurs modernes dans la rédaction du Code rural. Loin de nous de croire que ces usages, quelle que soit leur valeur, équivaillent à nos lois. Ils ont sur elle cet avantage qu'ils peuvent sous l'empire de nécessités nouvelles se modifier sans abrogation expresse ni rédaction nouvelle [1]. Il peut y avoir dans un canton où

[1] Dans une circulaire administrative qui figure en tête du *Recueil des usages ruraux de Segré,* nous trouvons cette observation formulée : « Cette loi vivante (les usages) se modifient en même temps que « se transforment les conditions qu'elle est appelée à régler. »

même dans une partie d'un canton un usage particulier qu'il faudra respecter bien qu'il n'ait pas été inséré dans le *Recueil des usages*. Autrement dit l'usage non écrit, mais prouvé, a même force que l'usage écrit. Il est présumable néanmoins que, sauf preuve contraire, les parties auront voulu s'en reporter aux usages imprimés de l'arrondissement. Ces usages tendent d'ailleurs à s'unifier sur le territoire d'un même arrondissement par suite des rédactions officielles. Dans tous les pays de culture, qu'on pénètre chez les paysans, métayers ou fermiers, on verra ce petit recueil entre les mains au moins de tous ceux qui font une culture intelligente et dont l'opinion fait loi auprès de leurs voisins.

Nous avons accordé une grande valeur aux usages locaux. Est-ce à dire que leur violation pourrait donner lieu à un pouvoir en cassation ? Sur ce point une distinction s'impose. La constatation d'un usage local est une question de fait qui est tranchée souverainement par le juge du fait, et l'on ne pourrait se pourvoir en cassation pour violation d'un usage que le tribunal déclarerait ne pas exister. Il en serait de même si le Tribunal, après avoir constaté l'existence de l'usage, refusait de l'appliquer en se basant sur ce fait que les parties, eu égard aux circonstances doivent être considérées comme l'ayant formellement écarté.

Mais si le Tribunal, après avoir constaté l'usage local, n'en tenait aucun compte sans démontrer en même temps que les parties ont voulu s'y soustraire, il y aurait là, suivant nous, une violation manifeste de la loi de 1889, qui donne en quelque sorte force de loi aux usages des lieux. La Cour de cassation peut donc être valablement saisie de la question et après avoir constaté, d'après les documents du procès, les considérants et le dispositif du jugement, que l'usage a été violé, elle peut casser la décision attaquée et envoyer la connaissance du procès à une nouvelle juridiction.

Cette priorité que nous accordons aux usages sur les dispositions de la loi est-elle l'application du droit commun ? Est-ce là un principe absolu, et quels en sont les limites ?

La doctrine généralement admise semble être que l'usage cède le pas à la loi dans l'interprétation des conventions, que les parties contractantes ayant gardé le silence sur un point du contrat, doivent être censées avoir voulu adopter la disposition de la loi de préférence à l'usage. C'est l'opinion qui paraît avoir triomphé au Sénat dans la discussion de notre loi elle-même et les derniers mots de son art. 13 « ces baux sont en « outre régis, pour le surplus, par l'usage des lieux » affirment que les usages locaux ne devront être consultés qu'en cas de silence de la loi. Cette opinion se renforce du commentaire qu'en a donné M. Clément, rapporteur de la loi au Sénat. MM. Halgan et de Gavardie avaient demandé que l'on mît en première ligne les usages et que la loi ne fut appliquée qu'à leur défaut. M. Clément leur répondit : « Les usages ont certaine« ment une grande importance mais le droit coutumier « ne parle que quand le droit écrit se tait. »

Nous ne trouvons plus trace de cette opinion personnelle de M. Clément dans la loi. Bien au contraire, le dernier rapport, celui de M. Million à la Chambre, qui est le fondement de sa rédaction définitive, est visiblement en contradiction avec l'avis du rapporteur au Sénat. Pour s'en convaincre, il suffit de rapprocher de l'art. 2 de la loi le commentaire qui en est fait au rapport [1].

« Les fruits et produits se partagent par moitié, s'il « n'y a stipulation ou usage contraire » dit le texte. Le rapporteur après avoir rappelé la généralité de cette proportion dans le partage, déclare que, sans qu'on ait à tenir compte du principe que la loi vient de formuler: « à défaut de convention formelle, c'est l'usage des lieux « qui fait varier cette proportion. » Dans le paragraphe suivant il donne la raison de cette préférence des usages locaux : « Voici pourquoi, à défaut des conventions, il y « a lieu de s'en référer à l'usage des lieux : c'est que, si « l'on est dans un pays où le métayage est fréquent et « que la pratique de ce contrat ait adopté un partage « autre que par moitié, les parties, qui veulent déroger « à l'usage local, sont tout naturellement mises en de- « meure de s'expliquer formellement et d'inscrire dans « des conventions les changements qu'elles comptent « faire subir à cet usage. Si elles ne le font pas et « qu'elles gardent le silence, elles sont censées avoir « voulu faire ce qui se fait autour d'elles ; du reste ces « usages locaux ont presque toujours leur raison d'être: « ils représentent un travail souvent très lent d'établis- « sement de moyenne entre la valeur du travail et celui « de la rémunération. »

Quoi qu'il en soit du principe, la loi du 18 juillet 1889 ne laisse aucun doute en ce qui concerne la portée qui

[1] *Journal officiel* du 27 juillet 1889.

lui est propre : tout usage contraire à ses dispositions recevra pleine et entière application et la loi s'effacera. En dehors du rapport qui nous confirme, elle insiste par ses termes, et non sans raison, sur l'importance qu'elle attache aux usages en notre matière par ces formules reproduites presque dans chaque article : « suivant l'usage des lieux » ou « s'il n'y a stipulation ou usage contraire. » La doctrine que nous soutenons s'appuie donc avec une égale autorité sur le texte de la loi et sur son esprit.

CHAPITRE II

Éléments constitutifs du contrat de métayage

SECTION PREMIÈRE

CONDITIONS D'EXISTENCE DU CONTRAT

Les conditions fondamentales de la validité du contrat de colonat partiaire sont celles énumérées au titre des obligations. Nous devrons nous borner à rappeler les principes généraux pour nous appesantir davantage sur les points qui en raison de leurs caractères particuliers présenteraient quelques incertitudes ou sur lesquels nos usages ruraux[1] apporteraient des solutions exceptionnelles.

I. — Consentement des parties

Il doit présenter toutes les qualités requises par les

[1] *Usages ruraux de l'arrondissement de Segré*, codifiés en 1851 et révisés en 1872, et *de l'arrondissement de Château-Gontier*, codifiés en 1852, révisés en 1884.

articles 1109 à 1117 du Code civil, mais à lui seul il suffit, aucune condition de forme n'étant exigée par la formation du contrat. Le dol et l'erreur sont des causes de nullité dans les termes des articles 1111 à 1116 du Code civil. L'erreur sur la personne est-elle dans le métayage une cause de nullité du contrat? autrement dit notre contrat rentre-t-il dans la réserve faite par l'article 1110, 2°, *in fine ?*

Il n'a jamais été sérieusement contesté que le contrat de colonat partiaire fut, de la part du maître, passé « *intuitu personæ.* » La considération de la personne du maître n'a-t-elle pas dû être également un motif déterminant du contrat pour le métayer? C'est la négative qui se dégage indirectement de l'article 6 de la loi du 18 juillet 1889, disposition consacrant la même inégalité entre propriétaire et métayer à l'égard de la résolution du contrat par la mort de l'une des parties contractantes.

De même le législateur n'a point pensé que de la part du colon l'erreur sur la personne du maître pût être une cause de nullité. Au contraire, le maître qui a fait erreur sur la personne du métayer serait admis à s'en prévaloir pour faire annuler le contrat.

La solution générale relative à la survivance du métayage à la disparition de l'une des parties contractantes est certaine en droit : les usages ne la contredisent point et elle est conforme à l'esprit des articles 6 et 7 de la loi nouvelle. Nous ne la jugeons pourtant point en harmonie durable avec le métayage dans la forme qu'il est appelé à prendre sous l'influence du développement de l'industrie agricole moderne.

Les progrès de la science agronomique sont indéniables, et plus notoire encore est l'influence croissante qu'elle exerce sur la pratique agricole. Le cultivateur le plus modeste, s'il est intelligent, si aveuglé par la routine qu'il soit, ouvre les yeux sur les expériences faites à côté de son champ par le propriétaire voisin. Il en rit ; mais il les suit, ne fut-ce que pour en rire davantage. En face de succès répétés, à ses haussements d'épaule succèdera une muette envie d'imiter, et là, dans les pays de fermage, il usera de malice pour pénétrer le secret du propriétaire ; ici, dans les pays de métayage, il sera fier, sans le laisser voir peut-être, car il est malin partout, de recevoir les conseils du maître. Ce cultivateur ne méconnaît pas à ce point ses intérêts qu'il ne préfère dans le contrat à moitié la direction de ce maître actif, soucieux des améliorations, disposé aux avances et muni d'un petit bagage scientifique peut-être fort utile, à l'incurie et aux airs dédaigneux de tel autre, peut-être trop pressé d'employer ses revenus ou trop ignorant des choses agricoles pour prêter son concours à la plus utile amélioration.

Les avantages du métayage moderne, tout au moins dans le Craonnais, résident dans la collaboration réelle et étroite entre propriétaire et colon, collaboration qu'il est impossible à la loi d'imposer pour une durée, brève ou longue, entre personnes qui ne se sont pas choisies en raison de la confiance mutuelle et des aptitudes techniques connues chez l'une et chez l'autre. Aussi pensons-nous que les législateurs du Code rural eussent été mieux inspirés de renvoyer purement et simplement à l'article 1865 3° à défaut de conventions ou d'usages contraires. Ce renvoi n'eût eu d'ailleurs aucun caractère impératif. Les nouvelles parties en présence eussent pu adopter librement le contrat en cours d'exécution et en proroger à leur gré la durée [1].

II. — Capacité des parties

Pour le propriétaire comme pour le colon, c'est un acte d'administration. Quiconque a le droit de gérer sa fortune propre ou le devoir de gérer celle des autres peut passer un contrat de colonat partiaire (articles 120, 450, 481, 509, 595, 1428, 1449).

Les articles 481, 1429, 1430, 1718 imposent une limite à la durée des baux que certaines personnes passeront. Ces restrictions doivent elles être étendues au contrat de métayage ? S'il est un cas où, dans le silence des textes, la similitude de ce contrat avec tel autre contrat nommé au Code doive être invoquée à l'appui d'une solution, c'est bien lorsque, toute considération des liens spéciaux créés par le métayage mise de côté, il existe une évidente parité de motifs [2], selon l'expression de M. Méplain. Or l'exploitation du fonds par autrui étant l'hypothèse qui a dicté les restrictions auxquelles nous venons de faire allusion, on doit reconnaître que

[1] Remarquons avec le rapporteur de la loi du 18 juillet 1889, que la législation autrichienne a sanctionné le principe de la dissolution du contrat par la mort de l'une quelconque des parties (*Journal officiel* du 27 juillet 1889).

[2] Méplain, *Traité du bail à portion de fruits*.

le contrat de métayage ne saurait valoir dans les cas prévus par ces articles au-delà du terme imposé pour le bail à ferme.

Les fermiers généraux ont le droit de passer des contrats à moitié sous les conditions et pour la durée du bail à eux consenti par le propriétaire. C'est ainsi qu'il faut entendre l'article 91 des *usages ruraux de l'arrondissement de Segré:* « Les fermiers généraux jouissent de tous les droits attribués au propriétaire par le présent chapitre. »

Mais le fermier général ne subira-t-il pas la limitation exceptionnelle à l'exercice de son droit imposée par les articles précités ? Autrement dit, le bail à moitié passé par lui sur tout ou partie des terres qu'il détient à ferme vaudra-t-il au-delà du terme de la location principale ? Si ce contrat secondaire a été passé pour plus de neuf ans par le fermier général, après l'extinction du droit de ce dernier sera-t-il imposé entre le propriétaire et le métayer jusqu'au terme fixé dans le contrat ou bien jusqu'à la fin de la période en cours, ou enfin pendant tout autre délai ? Il n'y a point place au doute en cette question. L'analogie entre ces situations est lointaine, et elle ne vaut d'être mentionnée que pour écarter en la matière toute application des articles 1429 et 1430 du Code civil.

Le pouvoir du fermier général n'a d'autre mesure que l'étendue de son droit à la jouissance du fonds. Il pourra donc passer contrat à moitié pour la durée entière du fermage à lui consenti, mais le contrat de métayage ne saurait produire d'effets après la cessation du louage principal après l'extinction du droit du fermier général. D'où le contrat de métayage nè peut être passé par ce dernier que pour la durée du bail principal : au-delà de ce terme il serait non avenu.

Le fermier général agit en son nom propre ; le tuteur, le mari et l'usufruitier agissent pour autrui : telle est la raison de l'étendue différente de leurs pouvoirs.

III. — Apports

Le troisième élément de tout contrat de métayage est un apport fait par chacune des parties contractantes. Cet objet du contrat n'est autre que « la valeur de toutes les mises réunies « comme le définissent MM. Aubry et Rau [1] à propos du contrat de société avec lequel il faut encore signaler ici une analogie étroite.

Il est important, pour se rendre un compte exact du caractère du métayage ainsi que de son fonctionnement, de déterminer avec précision ce qui constitue l'apport personnel de chacune des parties dont la réunion forme l'objet même de notre contrat. Sur ce point, plus que sûr tout autre, force nous est de nous reporter aux usages locaux, codifiés ou non, que nous avons choisis comme guide dans ce travail. La loi n'envisage pas cette partie des éléments constitutifs du contrat que nous rangeons sous le titre d'apports.

1° *Apports personnels du propriétaire.* — Le propriétaire apporte en premier lieu la jouissance d'un fonds

[1] Aubry et Rau, t. IV, note 2, parag. 378.

de terre. De ce chef, il est soumis à une obligation envers le métayer, mais à une simple obligation, notre contrat ne conférant en lui-même aucun droit réel. L'étendue en est d'ailleurs déterminée par l'article 1845, 2°, qui formule le plus exactement l'usage consacré et l'intention probable des parties. Ce fonds. qui doit être un « héritage rural » pour employer l'expression de la loi, peut être de différente nature, et pour ne pas subdiviser, ce peut être une terre de labour, ce peut être une prairie. Nous établissons que l'apport du fonds par le propriétaire a pour corollaire l'apport du travail manuel par le métayer. Or on pourrait prétendre que l'apport exigé de la part du métayer, en compensation de l'apport du propriétaire, n'est pas réalisé en ce qui concerne les prairies. Cette objection pourrait avoir un fondement dans les contrées ou les bestiaux paissent toute l'année, le printemps comme l'automne, dans les pâturages. Dans les pays au contraire où, comme dans le Craonnais, la stabulation est la règle, les prairies exigent un travail équivalent aux terres de labour : il suffit, pour en convaincre, de rappeler la fenaison, le remuage et l'épandage des engrais, l'entretien des canaux d'irrigation, etc... Le contrat est donc bien de la même nature, que l'apport consiste en prairies où en terres de labour ou bien, ce qui est la règle presque universelle dans le Craonnais, que les métairies se composent de deux espèces de fonds réunies.

Le propriétaire apporte en deuxième lieu l'usage des bâtiments nécessaires à l'exploitation : maison d'habitation et ses annexes, étables, écuries, abat-foin, grange, cellier, toits à porcs, etc... Cet apport entraîne pour lui des obligations accessoires, par exemple : de faire faire les grosses réparations, de reconstruire en cas de démolitions volontaires ou accidentelles, ou de faire cesser les troubles émanant des tiers qui prétendraient à un droit sur le fonds, toutes obligations dont l'inéxécution entraînera la dissolution du contrat. L'usage constant met à la charge du colon, ici pour moitié, là pour le tout, les réparations locatives, estimées chaque année à un nombre déterminé dans le bail de journées de maçon ou de couvreur.

La direction de l'entreprise agricole qui constitue un droit au profit du propriétaire est-elle obligatoire, et forme-t-elle l'objet d'un dernier apport à sa charge ? La direction étant d'abord un droit, il importe de déterminer quelle en est la mesure. Nous la considérons comme une des principales causes de l'excellence de ce système d'amodiation, et si nous devions formuler une règle d'économie rurale, nous n'hésiterions pas à la mettre en parallèle du principal apport imposé par le contrat au métayer, le travail manuel, et à envisager la collaboration active du propriétaire ou du fermier général comme constituant un droit au profit de la société et comme formant l'objet d'un apport successif de la part du propriétaire.

C'est pour le propriétaire le droit d'imprimer à l'exploitation une marche déterminée, de diriger l'élevage et le croisement des races, d'établir les règles des assolements et des cultures; de choisir les engrais et les semences, d'en fixer la nature et la quantité. Cette direction du propriétaire n'est autre que l'impulsion donnée, l'influence générale exercée par lui ; elle se manifeste bien plus par des conseils, par un échange d'observations mutuelles que par des actes qui constituent à proprement parler l'exercice du droit d'administration. Ces indications doivent, pensons-nous, rester générales [1] en principe et hormis le cas de complète incapacité du colon qui dictera des conventions particulières, le maître nous paraîtrait dépasser son droit s'il prétendait lui-même règlementer le travail journalier de ses métayers. Le colonat partiaire n'a rien de commun dans sa nature avec le louage de services.

Ce droit de direction reconnu au maître par la loi du 18 juillet 1889 est affirmé par l'article 64 des *usages de Château-Gontier*, et les articles 79 et 80 du *Recueil de Segré* en donnent des applications [2]. Conformément à

[1] De Gasparin, *Guide des propriétaires de biens soumis au métayage :* « Si le métayer a des ordres à recevoir de son maître pour « l'ordre des cultures parce que celui-ci est intéressé directement à « leur succès, et s'il jouit ainsi d'un degré de moins d'indépen- « dance que les fermiers, cependant les ordres qu'il reçoit ne « peuvent jamais être de nature à ne pas être modifiés par sa « propre opinion et ses intérêts sont aussi mis dans la balance. « D'ailleurs on conçoit que les directions du propriétaire ne peuvent « jamais être que fort générales et concernant seulement la con- « duite du domaine dans son ensemble ; elles ne pourraient être « détaillées et de chaque moment sans beaucoup d'inconvénients ; « ainsi le métayer est le plus souvent la partie dirigeante des tra- « vaux..., c'est le chef du ménage des champs. »

[2] Art. 64, *Usages de Château-Gontier :* Le propriétaire a le droit de diriger les opérations en général de la ferme à colonie partiaire. Le choix des animaux à vendre, à acheter ou à échanger, lui appartient donc exclusivement ; et, dans aucun cas, le colon ne peut sans le consentement de celui-ci, vendre ni acheter aucun bétail.

Le colon doit également se conformer à la volonté du propriétaire pour le choix des races et la quantité des élèves de toute la règle générale par nous admise, à défaut de convention ce droit du propriétaire trouve la limite dans l'usage local non écrit.

Le non exercice en fait de cette direction par le maître n'est que le résultat de l'abandon de son droit ou bien d'une délégation de l'autorité agréée par le métayer. La convention seule peut indiquer si les parties ont entendu considérer la direction du maître comme un élément constitutif du contrat. Si, comme il arrive le plus souvent, le bail est muet, ou si, ce qui est plus fréquent encore, la convention est verbale, l'article 1162 du Code civil et le mutisme des usages nous forcent d'affirmer que juridiquement le métayer ne pourrait exiger l'apport de la direction personnelle du maître. L'art. 5 de la loi nouvelle a cru devoir consacrer ce droit au profit du propriétaire, sans toutefois en faire une obligation à sa charge.

nature, la castration des mâles et l'époque de la saillie des génisses.

Pour le choix des semences ;

Pour la quotité et le genre des diverses cultures ;

Et pour la forme des labours.

Néanmoins, si le propriétaire exige pour ces labeurs l'emploi d'instruments perfectionnés, il les fournit au colon, qui les entretient et répare convenablement, et les rend à sa sortie.

Article 79, *Segré :* Le métayer doit également se conformer à la volonté du propriétaire pour l'espèce et la quantité des élèves de toute nature ;

Pour le choix des semences ;

L'étendue et le genre des diverses cultures, la forme des labours ;

Article 80, *Segré :* Le propriétaire indique les femelles qui doivent être saillies, a le choix des étalons et paie la moitié de la saillie ;

L'indication des étalons par le propriétaire ne peut obliger le colon, si ces étalons sont éloignés de plus de vingt kilomètres.

Là s'arrête l'obligation de droit. L'économie rurale impose comme un devoir au propriétaire l'exercice de cette direction dans le métayage nous l'avons remarqué. C'est en ce sens seulement qu'on peut admettre avec l'honorable sénateur de la Mayenne, M. Le Breton, que cette surveillance générale de la part du maître « est de « l'essence même du contrat de métayage[1]. »

Le rôle du propriétaire dans le métayage ne doit pas être considéré comme secondaire : il ne saurait convenir aux esprits superficiels qui ont rêvé de concilier la pratique de l'agriculture et tout autre fonction absorbante. De pareilles prétentions ne sont plus admissibles en face des efforts devenus nécessaires à tout cultivateur, quel que soit le degré de la hiérarchie sociale qu'il occupe. Nous nous expliquons difficilement qu'un auteur récent, M. Rerolle[2] après avoir exigé une instruction professionnelle complète du gérant principal de l'exploitation, déclare que le « colonage partiaire « répond aux aspirations du commerçant qui se retire à « la campagne pour y goûter un repos longtemps « envié » et du fonctionnaire public qui peut dérober quelques loisirs aux soucis de sa charge. Les seigneurs du XVIIIe siècle eussent pu le comprendre ainsi. Cette conception est étrange, si l'on envisage la lutte économique dans laquelle l'agriculture a dû prendre ces dernières années un part plus active et plus intéressée que toute autre industrie. Cette crise aurait dû, semble-t-il,

[1] M. Le Breton, *op. cit. Annuaire de la Société des agriculteurs de France*, année 1881.

[2] Rerolle, *op. cit.*

ouvrir les yeux : le développement du métayage constaté depuis dix ans n'est dû qu'à la fécondité éprouvée de la collaboration étroite et effective du propriétaire et du métayer. Aussi partageons-nous bien plutôt l'avis de M. de Tourdonnet[1] quand il conclut de la sorte : « Ceci revient à dire que l'agriculture doit être dé« sormais une carrière et qu'on doit l'envisager ainsi. »

2° *Apports du métayer.* — Le métayer apporte son travail et celui des siens. Cet apport est successif comme tous ceux que nous avons mis à la charge du propriétaire, c'est-à-dire qu'il consiste dans la répétition continue des mêmes actes.

Il a le plus souvent un autre caractère que nous désignerons ainsi : il est collectif. Le métayer, chef de famille, s'engage à fournir non seulement son travail personnel et sa surveillance, mais encore le travail de sa femme et de ses enfants, ou à défaut des domestiques en nombre suffisant pour la bonne culture de la métairie. Ces bras ne peuvent être soustraits au domaine sans l'agrément du propriétaire, non plus que les attelages qui ne peuvent être distraits de la métairie au profit d'aucune exploitation étrangère bien qu'il n'y ait pas de limite à l'usage personnel que le métayer peut en faire[2].

[1] De Tourdonnet, *op. cit.*

[2] Article 62, *Usages de Château-Gontier* : Le colon exécute à ses frais et convenablement tous les travaux de culture et d'exploitation.

Article 77, *Usages de Segré* : Les hommes nécessaires sur le lieu, conformément à l'article 4 et les bestiaux qui le garnissent, ne peuvent être employés à aucun travail étranger sans le consentement du propriétaire.

De plus cet apport est complexe, car s'il doit le travail de ses parents ou de ses serviteurs comme le sien, le travail des uns et des autres n'est pas le même. Le métayer est seul responsable de l'exécution du travail vis-à-vis de son associé. Il a donc l'obligation de diriger les détails de l'exploitation et, pour préciser notre pensée, il a à sa charge comme à son profit la surveillance et la bonne direction de la métairie [1].

L'obligation générale pour le colon partiaire de fournir le travail entraîne à sa charge une foule d'obligations secondaires dont la mention dans nos recueils d'usages a pour avantage de fixer la nature de cet apport et d'en limiter les applications. Les articles 84 et 85 du *Recueil de l'arrondissement de Segré*, 68 et 69 de celui *de Château-Gontier* en donnent des exemples en mettant à la charge des métayers exploitants l'obligation de transporter « la moitié de tous les produits revenant au propriétaire à l'époque ou au lieu qu'il indique dans un rayon de deux myriamètres « d'aller « chercher à la même distance les tonneaux destinés à « recevoir le cidre revenant au propriétaire » enfin de conduire « à ses frais, aux foires et marchés désignés « par le propriétaire les bestiaux à vendre, et de « remettre immédiatement à celui-ci et à son domicile, « la moitié du produit de la vente. » L'existence d'un compte courant atténue le plus souvent dans la pratique la rigueur excessive de ce dernier devoir. Ces obliga-

[1] C'est en ce sens qu'on pourrait dire avec M. de Gasparin, *Guide des propriétaires de biens soumis au métayage*, passage précité : « C'est « le chef du ménage des champs. »

tions de détail nous permettent au moins de formuler cette règle générale : le métayer est tenu d'accomplir sur les produits de la ferme tous les actes nécessaires à leur conservation et à leur mise en valeur jusqu'à la tradition opérée par son fait aux mains du propriétaire des produits partagés ou de la valeur en argent représentant le droit de ce dernier sur les objets vendus.

En ce qui concerne la conduite des travaux à la ferme et la responsabilité qui de ce chef lie le métayer vis à vis du maître jusqu'à leur complète exécution, les rapports pourraient se trouver modifiés par la situation de famille dont nous avons constaté l'existence au XVIIIe siècle, et qui portait le titre de « Société d'apartiment ou d'apartissement. » Si le nom a disparu, on trouve encore des métairies où par conventions verbales, le jeune ménage partage avec les vieux parents la moitié des produits afférents à la famille. Dans ce cas il y a tout intérêt à ce que par délégation il n'y ait qu'un maître dans la métairie dirigeant seul les travaux manuels et s'entendant au nom des siens avec le propriétaire. Le concours des deux cométayers ne peut guère pratiquement se présenter que dans les règlements de compte. Ajoutons que cette participation d'une tierce personne aux bénéfices de la société ne peut être constituée sans l'agrément du propriétaire que dans les termes de l'article 1861 du Code civil

Là ne se bornent pas les apports auxquels le métayer s'oblige en contractant. Il doit en principe fournir à ses frais « les instruments et ustensiles aratoires nécessaires à l'exploitation. » Ce sont les propres termes de l'article 59 des *Usages ruraux de Château-Gontier* et de l'article 74 de l'*arrondissement de Segré*, articles ayant une rédaction commune. La règle posée par ces textes dans les termes qui paraissent absolus ne sont pas pourtant sans souffrir des restrictions.

De quelle nature et de quelle qualité doivent être les instruments aratoires apportés par le fermier? Le propriétaire peut-il en vertu de son droit de direction exiger une forme spéciale, tel ou tel ustensile perfectionné peu usité ou nouveau dans le pays? L'usage constant, malgré la règle du recueil, tranche la question en ce sens : le propriétaire peut exiger du métayer l'apport des instruments devenus usuels dans les environs de la métairie, ces instruments fussent-ils considérés comme perfectionnés [1]. Quant aux ustensiles dont la pratique n'est admise que chez tel ou tel agriculteur distingué du voisinage, il est hors de doute que le métayer n'est point obligé de les fournir, bien qu'il soit forcé de s'en servir si le propriétaire les lui procure.

La règle posée par les articles 59 et 74 (*Usages ruraux*) relativement à l'apport des instruments aratoires est loin d'être pratiquée dans tous les pays de métayage. Nous ne croirions pas devoir appuyer sur cette divergence des différents usages locaux relativement à cette partie des apports, si avec M. Méplain [2] les auteurs s'accordaient à voir dans cette dérogation à la pratique du Craonnais une pure concession faite dans les contrées

[1] On peut citer comme exemple dans le canton de Craon la charrue à double soc, dit le Brabant.

La distinction entre ces deux catégories d'ustensiles est une question de fait qui ne peut être tranché que sur expertise.

[2] Meplain, *ibidem*, n° 155.

plus pauvres par les propriétaires à des métayers dont les ressources sont insuffisantes pour se procurer un outillage complet. Il en est qui s'efforcent de légitimer leur usage et n'hésitent pas à condamner le nôtre qu'ils traitent de « défectueux et d'irrationnel [1]. » Ils ne donnent comme principal fondement à leur manière de voir la situation fâcheuse où va se trouver le métayer qui prenant sa retraite sera forcé de liquider. Ses instruments aratoires lui resteront sur les bras, disent-ils. L'objection est sans portée. Malgré de déplorables désertions, la règle est encore, grâce au Ciel, que les fils de laboureurs sont laboureurs, et succèdent le plus souvent à leurs parents dans les mêmes métairies. Ces héritiers sont heureux de garder par devers eux un outillage approprié à l'exploitation. A défaut de successeurs pris dans la famille, des étrangers viennent prendre la place des retraitants et, s'ils sortent de fermes de moindre importance, sont heureux de trouver à acheter à bon compte le complément nécessaire de l'outillage. Enfin le métayer fut-il voué à la dernière extrémité, à la vente aux enchères, n'a pas à redouter une liquidation à vil prix. Ses voisins qui connaissent ses instruments aratoires seront heureux de profiter de ces ventes, en fait fort rares, pour entretenir à meilleur compte leur propre outillage. Cette objection écartée, nous prétendons que la disposition des articles 59 et 74 repose sur les bases autrement solides.

L'obligation du métayer à l'apport total des instruments aratoires découle de son obligation plus générale

[1] De Tourdonnet, *Traité pratique du métayage.*

de fournir le travail. Ces ustensiles ne sont que des aides plus ou moins puissants pour suppléer au travail des bras ; le métayer les doit au même titre que les journées supplémentaires exigées par les travaux de la récolte.

Une raison pratique milite contre M. de Tourdonnet[1] d'après laquelle « les instruments ordinaires de culture (herses, rouleaux, harnais, chariots, etc.) doivent appartenir au propriétaire » : c'est le métayer seul et non le propriétaire qui se sert de ces objets ; or l'intérêt du métayer, s'il en est le propriétaire, sera la plus efficace des assurances contre l'usure et les accidents. S'ils étaient la propriété du maître, à qui incomberaient les frais d'entretien ? Les mettra-t-on à la charge du propriétaire ? Il se fatiguera de payer les notes interminables du taillandier, du charron et autres ouvriers dont il ne pourra contrôler les dires. En chargera-t-on le métayer ? Il est à craindre que l'intérêt de son maître ne soit un stimulant trop faible pour lui faire faire à temps des réparations que les fermiers les moins négligents remettent à la dernière heure pour leurs propres outils.

Rien ne s'oppose d'ailleurs à ce que le propriétaire ne s'engage à contribuer dans une proportion quelconque à leur entretien : l'usage du Craonnais consacre un prélèvement sur le tas de blé commun destiné à subvenir à l'entretien de certains ustensiles[1], de même que,

[1] Note des *Usages de Segré* sous l'art. 85 qui constate cette coutume : Ces différents frais sont ordinairement acquittés en grains suivant une espèce d'abonnement appelé « accens » dans nos campagnes. Ce grain est prélevé avant le partage sur tas commun.

le plus souvent, le bois nécessaire aux réparations de l'outillage est fourni vif par le propriétaire.

Cette obligation pour le métayer de fournir le travail sous ses différentes formes le rend seul débiteur des gages des domestiques et du prix des journaliers employés aux récoltes. En envisageant plus tard la situation des tiers dans leurs rapports avec les deux parties associées par métayage, nous prendrons soin d'établir les garanties dont les travailleurs auxiliaires pourront se prévaloir pour se faire payer de leurs efforts.

3° *Apports communs du propriétaire et du métayer.* — Toute exploitation agricole dans le Craonnais a pour objet l'élevage du bétail et la culture des céréales. C'est d'ailleurs sur ces deux points que se portent le plus généralement les efforts de l'agriculture en France. Nous laisserons donc de côté les cultures spéciales de la vigne et des racines destinées à la distillerie, soumises par leur nature différente à des lois particulières.

Dans l'hypothèse que nous envisageons seule, le fonctionnement de l'exploitation suppose une réunion d'éléments, qui remués par le travail du métayer sur la terre du maître et sous sa direction produiront les fruits dont le partage est le but de l'entreprise. Ces éléments, condition de l'exploitation, doivent être apportés par moitié par le propriétaire et par le colon. Ce sont les animaux qui doivent garnir la métairie ou la peupler immédiatement pour assurer le fonctionnement de l'exploitation dans l'avenir, les semences, les engrais et les capitaux nécessaires pour la première mise en culture.

Tous les capitaux, tant en matières qu'en valeurs, nécessaires pour la succession régulière et non interrompue des opérations sociales se rangeront plus loin parmi les charges proprement dites qu'imposera pour moitié à chacune des parties la marche régulière de l'entreprise.

Si la loi du 18 juillet 1889 est muette sur l'obligation commune à cet apport, les premiers articles de nos Codes ruraux formulent cette règle fondamentale à peu près dans les mêmes termes à l'égard des bestiaux et des semences : Article 59 (Château-Gontier) et 74 (Segré) : « Le colon partiaire fournit la moitié des bes- « tiaux et des semences de toute nature, et la totalité « des instruments et ustensiles aratoires nécessaires à « l'exploitation. »

Bien que nos articles ne fassent pas mention du propriétaire, il n'est pas douteux qu'ils affirment implicitement l'obligation pour lui de fournir l'autre moitié du cheptel.

Nous avons constaté déjà dans les baux du xve siècle que l'apport par moitié des bestiaux était la règle générale et expresse à tel point que des retenues étaient faites par le proprétaire sur les premières ventes réalisées pour régulariser la situation normale : la propriété commune des bestiaux. La règle formulée en termes absolus dans nos recueils n'a guère souffert d'exception depuis un demi-siècle et est aujourd'hui d'une application générale.

M. Méplain[1] après avoir affirmé qu'à l'heure où il

[1] Méplain, *ibidem*, n° 155.

écrivait, les bestiaux et les instruments aratoires étaient généralement fournis par le propriétaire a le tort de généraliser dans le temps et le lieu. Son jugement peut être indiscutable pour le centre de la France, mais il n'a pas le droit de dire en face des exemples historiques et actuels que nous apportons : « C'est ainsi, au reste, « qu'il a dû en être partout dans les premiers temps. »

Cette obligation est successive : elle crée accessoirement l'obligation de fournir un capital suffisant pour remplacer au fur et à mesure de la vente ou des pertes les bestiaux qui doivent régulièrement garnir les étables. Et quelle que soit l'étendue du droit de direction, nous croyons pouvoir établir que le propriétaire qui refuserait ces capitaux pourrait être actionné en justice par le métayer et condamné sur rapports d'experts.

SECTION II

OBLIGATIONS PARTICULIÈRES DE CHACUN DES CONTRACTANTS TANT CONTRACTUELLES QUE DÉLICTUELLES

L'étude que nous venons de faire des apports réciproques des contractants nous a montré quel était l'objet du contrat et nous a fait envisager toute une série de charges incombant à l'un et à l'autre. Parmi ces charges il y a un certain nombre d'obligations qu'engendre notre contrat et qui ne constituent pas à proprement parler l'objet d'un apport. Il nous faut les parcourir.

Parmi les obligations du métayer qui ne se confondent pas avec les charges déjà énumérées, il est à peine besoin de mentionner celle de séjourner dans la métairie et de la cultiver en bon père de famille. Cette obligation est fondamentale ; elle est la base de tout contrat ayant pour but la culture par les efforts, joints ou individuels, d'un autre que du propriétaire seul ; elle est une loi inévitable pour celui qui doit remuer le sol de ses bras, métayer ou fermier. Cette obligation ne saurait atteindre le propriétaire ou fermier général, quelque intérêt qu'ait le directeur à vivre habituellement au centre de l'exploitation agricole.

Dans le métayage surtout, toute clause tendant à effacer ou même à alléger de façon constante cette obligation aurait pour effet certain de rendre difficile, sinon impossible, le fonctionnement de l'entreprise et de diminuer les bénéfices de l'exploitation. De plus le séjour obligé du métayer dans la métairie est une garantie précieuse pour le propriétaire jusqu'à sa mise en possession de la partie divise des objets représentant son droit, que cette part qui lui incombe soit en nature, qu'elle consiste en une somme d'argent.

Aucune formule ne précise cette règle dans nos recueils, tant elle est incontestable. Un bon nombre d'articles la supposent admise, et à défaut de termes explicites, l'esprit de la loi est assez clair pour que nous en puissions conclure qu'à moins de convention expresse dans le bail aucun métayer ne pourrait prétendre habiter une ferme voisine, fût-il propriétaire de cette dernière terre, s'engageât-il à cultiver la métairie avec le plus grand soin et à la laisser garnie du bétail et de l'outillage, selon les termes de l'article 1766 du Code civil.

Mais de l'inexécution des conditions la partie adverse pourra-t-elle prétendre à une indemnité ? Cette question se pose lorsque l'un quelconque des éléments constitutifs du contrat fait défaut : elle naît le plus souvent en cas d'interruption de l'apport principal du propriétaire, le fonds, apport identique dans le fermage et dans le métayage. Nous devons donc chercher la solution dans le titre du louage et nous croyons trouver des indications peu précises, il est vrai, mais suffisantes pour nous dicter une solution conforme à l'esprit de la loi. Si la chose louée est détruite en totalité par cas fortuit, ce qui ne peut guère se concevoir que par suite d'une expropriation totale fort rare, le bail est résilié de plein droit sans qu'il y ait lieu à aucun dédommagement de de la part du propriétaire exproprié au profit du métayer [1] ; si elle n'est détruite que partiellement, il dépendra des circonstances de savoir si le métayer pourra exiger du propriétaire une indemnité ou bien si la résiliation du bail pourra être opérée. Mais il est à remarquer que reconnaître en principe dans le cas de ruine partielle par négligence du propriétaire l'obligation à sa charge d'indemniser le métayer et ne pas imposer à ce dernier la preuve du cas fortuit n'est qu'établir la juste contre-partie de l'extension des articles 1730 et 1731 opérée par la loi du 18 juillet 1889 au cas de colonat partiaire et de la disposition de l'article 1766, 2° du Code civil qui, en cas de résiliation provenant du fait

[1] Dans ce cas une indemnité est dûe au métayer par l'expropriant en vertu de la loi du 3 mai 1841, art. 21.

du preneur, oblige celui-ci à des dommages-intérêts envers le bailleur.

La difficulté précédente est voisine de la question plus générale de savoir s'ils sont responsables l'un envers l'autre de leur négligence ou de leur faute. Cette dernière question semble mériter une réponse affirmative absolue. Cette responsabilité n'est plus la sanction de l'obligation contractuelle seule, elle naît tant de l'inobservance coupable des obligations de droit commun que de l'accomplissement d'actes constitutifs de délits ou de quasi-délits.

De la délivrance du fonds par le propriétaire aux mains du métayer découle pour celui-ci l'obligation purement contractuelle « d'user de la chose louée en « bon père de famille en suivant la destination qui lui a « été donnée par le bail. » Ce sont les termes de la loi du 18 juillet 1889 expression du droit commun en matière de louage. L'assimilation sur ce point du métayer ou fermier ressort clairement de l'article 4 de la loi nouvelle. L'étendue de la responsabilité contractuelle au métayer est donc réglée par l'article 1728, 1° du Code civil.

La loi récente a égalemement mis fin à la discussion qui s'élevait en doctrine et en jurisprudence sur le point de savoir si l'article 1733 s'appliquait au métayer aussi bien qu'au fermier en raison de la similitude de l'objet principal dans le métayage et le fermage. Désormais les articles 1732 et 1733 restent lettre morte à l'égard du métayer. Non que la présomption ait été renversée. Il faut, mais il suffit que le colon partiaire, pour être déchargé de toute responsabilité en cas d'incendie, de dégradations ou de pertes survenues au cours du bail, prouve qu'il a apperté à la garde de la chose tous les soins d'un bon père de famille (art. 4, parag. 2, de la loi du 18 juillet 1889 et art. 1137 du Code civil). Cette responsabilité mitigée à la charge du preneur a été jugée raisonnable, dit le rapport, en considération de la surveillance personnelle du maître qui dans le métayage est censé exercer une action directe et continue sur l'exploitation.

La loi nouvelle a par contre assimilé le colon partiaire au preneur à ferme relativement aux dispositions des articles 1730 et 1731 du Code civil. L'application en notre matière du principe formulé dans l'article 1730 était inévitable. Nous aurons plus loin l'occasion de critiquer l'extension au métayage de l'article 1731, qui crée en faveur du propriétaire une présomption exhorbitante si l'on considère que le métayer, non plus que le fermier, ne saurait en sens inverse se prévaloir des améliorations opérées par lui dans le cours du bail pour obtenir une indemnité de plus-value à sa sortie.

Quant à l'obligation pour le colon partiaire de dénoncer au propriétaire les usurpations commises sur le fonds (art. 1768), elle découle purement et simplement de son obligation plus générale de veiller à la conservation de la chose.

Les usages et plus encore les conventions particulières mettent des charges spéciales au compte du métayer. Nous devons au premier rang apprécier brièvement une obligation particulière mise en certains pays à la charge du colon. Cette pratique est, il est vrai, étrangère au Craonnais, mais elle a été trop souvent considérée dans le fait et dans la théorie comme inséparable du métayage pour être passée sous silence : c'est le *prélèvement* ou *prestation colonique.* Nous rattachons à cette étude les quelques dérogations plus générales aux principes de l'égalité des parties dans la participation aux charges.

A certaines époques, dans ce siècle même, et encore aujourd'hui dans le centre de la France, le métayer s'engage par le contrat à payer une somme fixe en sus du partage par moitié. De vains efforts ont été tentés pour légitimer cet usage et ce qui est moins admissible encore pour en faire un élément conciliable avec la théorie du métayage. M. de Tourdonnet [1] a voulu voir là l'intérêt des avances faites par le propriétaire. Comme cet auteur, nous sommes convaincu que c'est le rôle du propriétaire d'être le bailleur de fonds de l'association, mais comme associé et non comme banquier. Exiger des intérêts, n'est-ce pas reprendre de la main gauche ce que vient de donner la droite? C'est en tout cas mal comprendre son intérêt propre : de toute évidence, c'est entraver le développement de l'exploitation, car c'est réduire le fonds de roulement qui est, dans l'industrie agricole elle-même, la condition et la mesure des opérations sociales. D'autres cherchent une autre base à cette pratique disparate. « Cet élément, dit M. Méplain [2] « dans un rapport présenté à la Société d'Agriculture « de l'Allier, n'est autre que l'écart qui existe entre « l'effort du travail exigé par les différents domaines « pour produire une même somme de valeur. » C'est

[1] M. de Tourdonnet, *Traité pratique du métayage.*
[2] M. Méplain, *op. cit.*

une raison toute d'imagination, car il serait facile de démontrer que la prestation colonique est une pratique qui s'est conservée bien plutôt dans les pays pauvres et aux époques de souffrance de l'agriculture que dans les pays riches et aux heures de grande production agricole.

L'histoire du métayage dans le Craonnais nous confirme dans cette appréciation en ce que cette pratique n'y apparaît que dans les moments où le métayage est le plus dénaturé et l'agriculture le plus anéantie. On en chercherait en vain aujourd'hui des traces dans l'Anjou et dans le Maine, tandis que certaines parties de l'Auvergne et du centre ne paraissent pas encore être soustraites à cette exigence des propriétaires. D'où cette conclusion ne semble pas téméraire que l'équilibre qu'on veut établir par l'impôt colonique serait en fait plutôt rompu par lui.

Après cette discussion sans intérêt local, nous devons constater l'existence d'un usage qui découle peut-être du même principe. « L'impôt foncier est acquitté par le colon » disent nos usages de Château-Gontier (art. 70). L'impôt des portes et fenêtres est également laissé à sa charge. Ce n'est point là une obligation qui puisse se rattacher à celle du travail. Cette restriction à l'égalité de la participation aux charges n'est-elle pas inspirée par une idée de compensation pour la jouissance exclusive de l'habitation et du jardin au profit du colon? Elle trouve au moins dans cet avantage personnel au métayer une pleine justificatian.

Cet usage est loin d'être général autour de nous. Dans l'arrondissement de Laval, le colon ne paie que

« la moitié de la contribution foncière et la totalité des « autres contributions [1]. »

Enfin les baux créent trop souvent une dernière obligrtion pour le colon. Fréquemment les propriétaires soumettent par convention leurs métayers à faire quelques journées de travail avec les harnais et les instruments de la métairie sur leur réserve. C'est là une disposition de contrat qui n'a rien de commun avec le métayage et sur laquelle les usages locaux gardent un silence digne d'approbation. A cette mention il faut encore joindre le fâcheux usage de stipuler le prélèvement au profit du propriétaire pour l'alimentation de ses écuries propres d'une quantité fixe de foin et de paille. Nous avons constaté dans l'histoire du métayage que l'extension de ces stipulations anormales était en raison inverse du développement agricole. Nous voyons d'ailleurs peu à peu disparaître ces clauses anti-économiques.

Par contre, nous pouvons signaler chez quelques propriétaires, qui entendent les choses au mieux de la production agricole et de leur propre intérêt, une tendance de plus en plus accentuée à égaliser les situations de leurs métayers en variant le paiement des engrais étrangers à la production de la ferme. C'est ainsi que les mêmes propriétaires, qui pour certaines métairies d'une exploitation facile et d'un rendement assuré ne se soumettent qu'à la loi générale du paiement par moitié des engrais complémentaires, s'engagent vis-à-vis

[1] Art. 83, *Usages ruraux de l'arrondissement de Laval.*
M. Le Breton, *Étude sur le métayage dans la Mayenne* (*Annuaire de la Société des agriculteurs de France*, année 1881, Annexe).

d'autres métayers qui ont des terres plus exigeantes et moins maniables à payer le tiers des engrais et amendements importés dans la ferme.

SECTION III

PREUVE DU CONTRAT

Toutes les règles déjà étudiées supposent certaines et l'existence du contrat et ses conditions ; qu'elles soient prouvées par écrit ou qu'elles soient reconnues par les parties. Il n'y a en effet aucun doute que le métayage soit un contrat non solennel ; la rédaction d'un écrit n'est certainement pas exigée pour qu'il puisse prendre naissance.

Mais si la convention elle-même ou seulement quelques-unes des conditions sont méconnues par l'une des parties, des conflits peuvent surgir.

Écartons d'abord une hypothèse que ne peut présenter de difficultés sérieuses. Le bail à colonat a commencé à être exécuté ; son existence ne peut être niée. Restent deux questions : Quelles sont les conditions imposées au métayer ? Quelle est la durée du bail ?

Si aucun écrit n'a été rédigé, il faut dire que le contrat de colonat est passé sous les conditions consacrées par les usages des lieux, aussi bien quant à la portion de fruits afférente au propriétaire, la moitié dans le Craonnais, qu'aux autres obligations de chacune des parties. En ce qui concerne la durée, il faudra décider que le bail est fait pour une durée indéterminée.

La difficulté est plus grande si l'existence même du contrat peut être niée parce qu'il n'y a point encore eu de commencement d'exécution. Autrefois les interprètes se divisaient en deux camps bien tranchés : Ceux qui assimilaient le colonat partiaire au louage, ceux qui y voyaient un contrat de société. Pour les uns l'article 1715 s'appliquait, et aucune preuve testimoniale n'était admise ; l'aveu et le serment, en cas de convention non écrite, étaient les seuls moyens de preuve. Pour les autres, la société résultant du métayage pouvaient être prouvée par témoins si les apports cumulés des parties contractantes ne dépassaient pas 150 francs. La loi de 1889 n'a aucunement fait disparaître la controverse à l'égard de ce contrat qu'elle reconnaît différent et du louage et de la société et qu'elle nomme le colonat partiaire ou métayage. Quelle règle convient-il de lui appliquer?

Les dispositions de l'article 1715 étant exceptionnelles, nous ne devons pas les étendre à notre contrat puisqu'il n'est pas un louage et que d'ailleurs la loi du 18 juillet 1889, qui renvoie à plusieurs articles du louage ne mentionne nulle part l'article 1715. De droit commun, la preuve testimoniale est admissible jusqu'à concurrence de 150 francs. Cette preuve sera donc admise en matière de métayage, si la somme des apports, tant du propriétaire que du métayer, ne dépasse pas 150 francs.

Il convient d'ajouter qu'en fait la controverse est à peu près dénué de tout intérêt, puisque presque toujours le montant des apports des deux parties sera supérieur à la somme fixée par l'article 1341 du Code civil, et que par conséquent la preuve testimoniale sera interdite, excepté s'il existe un commencement de preuve par écrit.

CHAPITRE III

Administration. — Rapports avec les tiers.

M. Méplain[1] distingue entre les actes d'administration intérieure et ceux d'administration extérieure. Parmi les premiers, il range à tort, suivant nous, tous les actes que nous avons énumérés comme émanant du droit de direction du propriétaire ainsi que le partage en nature des produits qui ne sont que des actes de perception matérielle. Il y a là une confusion fâcheuse des différents rôles des parties dans le métayage qu'il importe d'écarter. Le droit de direction doit être séparé nettement du droit d'administration, lequel doit lui-même ne pas être confondu avec le droit de sous-direction du métayer, que M. de Gasparin a justement appelé en ce sens le chef du ménage des champs.

Le droit de direction est personnel au propriétaire au même titre que le fait de diriger les labours, les char-

[1] *Traité du bail à portion de fruits.*

rois, le pansement du bétail et les mille travaux de la métairie est le droit exclusif du métayer. Le droit d'administration est commun aux deux associés. Prenons un exemple : la fixation de la date pour la vente d'une paire de bœufs résultera d'une entente entre le métayer et le propriétaire dans laquelle l'avis de ce dernier devra prévaloir en raison de son droit de direction, tel que nous l'avons compris. La vente, qui est un acte d'administration, faite par le métayer seul à partir du jour fixé est valable pour la part de son associé le propriétaire, si celui-ci a donné mandat, soit particulier pour la vente prévue, soit général pour toutes les opérations de cette sorte, et ce mandat tacite est présumé.

Nous n'envisageons donc dans ce chapitre que les actes extérieurs au premier rang desquels se placent les achats et les ventes.

Dans le fonctionnement normal du métayage, les rapports des parties ne peuvent mieux s'exprimer que par leur comparaison avec les rapports des associés entre eux. Le silence de la loi et des usages étant absolu sur ce point, et les conventions étant le plus souvent muettes sur les fonctions de chacun des membres de l'association, les règles du contrat de société doivent ici nous servir de guide. Nous appliquons d'abord au métayage le principe formulé par l'article 1859, 1°, et qu'on peut résumer ainsi : à défaut de stipulations expresses, les associés ont des droits égaux ; chacun peut agir valablement sans le consentement de son associé, mais seulement dans les limites de ses fonctions, sauf le droit pour ce dernier de s'opposer à l'opération, avant qu'elle soit conclue.

De ce principe découle que les contrats nécessités par l'exploitation rurale peuvent être passés conjointement, sans toutefois que le concours des deux parties soit nécessaire à la passation des actes. Si l'une d'elles agit seule, conformément au même article 1859, elle est censée avoir reçu mandat d'administrer, et elle obligera son associé en s'obligeant elle-même.

Ce pouvoir de chacune des parties a des limites : l'acte du mandataire doit avoir été passé au nom de la société et il n'engage le mandant que dans la mesure du mandat qu'il a donné. Propriétaire et métayer, quel que soit celui qui a passé l'acte, seront engagés vis-à-vis du tiers pour une somme égale, et dans le métayage, sauf convention contraire, la contribution et l'obligation aux dettes porteront sur les mêmes quantités. Dans le cas où le contrat établirait des dérogations aux apports ou au partage par moitié il faudrait, croyons-nous, appliquer l'article 1863 qui impose l'égalité dans l'obligation, quelle que soit la part contributoire fixée entre les associés.

Enfin, si l'une des parties a contracté sans mandat au nom de l'association, quels sont les droits des tiers à l'égard de la partie qui est restée étrangère au contrat? Le droit commun nous fournit la réponse : celui qui a passé le contrat a été gérant d'affaires pour la moitié, il est tenu pour le tout, mais il a recours pour la moitié contre son associé s'il a sagement administré, si d'après la règle générale de l'article 1375 du Code civil il a apporté à la gestion d'affaires tous les soins d'un bon père de famille.

Le tiers, dans ce cas, n'a point d'action directe contre

le métayer ou le propriétaire qui n'a pas été partie au contrat. Il exercera seulement contre lui l'action de l'article 1166 dans la mesure du recours de la partie qui qui a contracté. C'est d'après ces principes, croyons-nous, que devront se trancher les difficultés qui peuvent surgir entre propriétaires et marchands.

Parfois le propriétaire assume un rôle prépondérant dans l'administration, opère les achats et les ventes de bestiaux, fait les commandes d'engrais, etc... Qu'il devienne insolvable, les fournisseurs auront un recours privilégié dans la mesure que nous allons déterminer. Point ne sera besoin de prouver l'utilité des achats opérés par le propriétaire (article 1375 du Code civil) ni de fixer la mesure de l'avantage qu'en a tiré le métayer pour sa part, l'acceptation par celui-ci des objets achetés par le maître ou l'emploi qu'il en a fait sur la métairie étant une ratification qui créé à sa charge une obligation personnelle.

A côté des obligations contractuelles, nous devons prévoir les obligations qui naîtront des délits ou des quasi-délits commis par les membres de l'association. Il est bien évident que, à l'égard de ces dernières obligations, la contribution ne saurait être imposée aux deux parties. La contribution aux obligations qui naissent de l'exécution du contrat a pour fondements un mandat formel ou une gestion d'affaire. Le mandat donné par le maître de commettre un délit ou un quasi-délit ne se conçoit pas : il serait nul comme illicite (article 1131). Chacune des parties répond donc personnellement et exclusivement de son fait délictueux : le métayer, par exemple, encourra seul à l'égard des tiers l'action noxale. Le propriétaire du fonds voisin lésé par l'incursion du troupeau commun n'a de recours que contre le métayer, non contre le propriétaire. C'est un quasi-délit qui naît de sa négligence dans son obligation au travail. C'est la solution donnée par un arrêt récent[1]. Il y est nettement établi que le métayer ne peut être considéré, en ce qui tient aux travaux journaliers de la ferme, comme dépendant du propriétaire, que pour ce motif il est personnellement responsable de ses délits et quasi-délits, contrairement à l'article 1384 du Code civil qui ne saurait trouver ici son application.

De quelles garanties peuvent se prévaloir les tiers faisant valoir leurs obligations vis-à-vis du propriétaire et du métayer? Nous n'avons sur ce point qu'à signaler l'application pure et simple du droit commun. La part de chacune des parties est la garantie de tous leurs créanciers (article 2092 du Code civil) qui selon leurs titres jouiront des privilèges des articles 2101 et 2102 à l'égard du colon sur ses meubles, sur sa part du cheptel et des fruits séparés du sol, à l'égard du propriétaire, sur le fonds entier et sur sa part des bestiaux et des produits non partagés.

Les ouvriers agricoles ont, en sus du privilège général de l'article 2101, 4° du Code civil, sur tous les

[1] Bourges, 7 décembre 1885, Sirey, II, 107 : Attendu que la qualité de métayer « n'implique en rien celle de préposé et en est même « exclusive, qu'en effet quel que soit le caractère juridique que l'on « attribue au colonat partiaire, le colon ne remplit pas une fonction « au nom d'autrui (ce qui le distingue du louage de services) et est « en général parfaitement libre et indépendant relativement à toutes « les opérations se rattachant au colonage, etc... »

meubles du colon pour l'année échue et pour l'année courante, le privilège particulier de l'article 2102, 1°, parag. 4, sur le prix de la moitié de la récolte appartenant après partage au métayer pour les travaux d'ensemencement, de sarclage et de récolte. Le vendeur de semences et d'engrais profite au même titre des mêmes privilèges pour la part afférente au métayer : les termes de l'article 2102, 1°, parag. 4, sont généraux.

Le texte accorde expressément le même privilège au fabricant d'ustensiles.

Le propriétaire est primé par les ouvriers agricoles et marchands d'engrais et de semences sur la récolte de l'année et pour les frais qui s'y rapportent. En aucun cas, la part du propriétaire dans la récolte ne pourra être affectée au paiement des dettes personnelles du métayer [1].

Si, comme c'est l'usage, le propriétaire participe par moitié aux semences et engrais, s'il est engagé contractuellement à payer une part des ouvriers supplémentaires et des ustensiles, il est débiteur pour partie au même titre que le métayer et soumis aux mêmes garanties, mais seulement dans la mesure de son engagement. A moins de clause expresse, il ne saurait être considéré comme débiteur solidaire et poursuivi au lieu et place du colon.

Toutefois, il se peut qu'un propriétaire ou un fermier général fasse seul un marché important d'engrais, de semences pour plusieurs de ses métairies, sans désignation de la part qu'il destine à chaque exploitation et

[1] M. Pouillet, *Journal d'Agriculture*, 28 juin 1890.

à chaque colon. Nous croyons que dans ce cas le vendeur a un recours garanti par le privilège de l'article 2102 pour la totalité de l'achat contre le propriétaire, sans préjudice du même recours privilégié contre chaque métayer pour sa part contributive dans la quantité d'engrais ou de semences employée dans ses terres.

Les rapports que nous venons de déterminer entre les tiers contractants et les parties associées par métayage seront-ils modifiés par un reliquat de compte à rendre par le colon au propriétaire ? Autrement dit, quelle est la portée de l'extension que fait l'article 10 de la loi du 18 juillet 1889 du privilège de l'article 2102 au profit du bailleur pour les sommes à lui dûes par le métayer ? Ce renvoi de la loi nouvelle aux termes de l'article 2102 ne peut être entendu dans un sens absolu. Certaines dispositions de cet article sont inconciliables avec les données essentielles du colonat partiaire.

L'hypothèse prévue par le premier paragraphe, premier alinéa de cet article, est notoirement étrangère à notre contrat. Le métayage, à l'instar de la société, ne supposant aucun prix dû par l'une des parties à l'autre mais bien la perception régulière et successive des fruits au profit commun, le propriétaire ne saurait être désintéressé pour les années à échoir, et, en dehors même de la disposition non abrogée de l'article 1763 du Code civil qui prohibe toute sous-location ou cession au cas de colonat partiaire, la liquidation, qui sera la conséquence de la déconfiture du métayer, retombera sur le maître seul qui n'ayant aucune créance certaine et exigible, ne saurait prétendre toucher par avance le bénéfice des récoltes postérieures, eût-il entre les mains un bail authentique. Il ne peut donc être question d'un privilège à son profit, que pour le recouvrement des sommes qui lui sont dûes en raison d'opérations antérieures ; et de ce fait la situation des tiers est tout autre qu'en cas de fermage, seule hypothèse prévue par ce premier alinéa de l'article 2102 : les tiers n'auront point à redouter la priorité du propriétaire pour les créances non échues, mais en conséquence ils ne peuvent obtenir une part quelconque de la jouissance postérieure du fonds, sous quelque forme que ce soit.

CHAPITRE IV

Participation par moitié aux bénéfices et aux charges dans le cours de l'exploitation

La participation des parties contractantes tant aux bénéfices qu'aux charges de l'exploitation a toujours été la note caractéristique du colonat partiaire. La proportion du partage des fruits ainsi que la contribution aux débours a pu varier à l'infini : ces usages ou ces conventions variées et multiples se rangent sous le titre de colonat partiaire. De là cette dénomination dans les lois générales visant dans leur ensemble tous les modes d'exploitation entraînant un partage proportionnel des fruits.

La loi du 18 juillet 1889 qui semble confondre les deux termes a néanmoins donné la définition du colonat partiaire dans son premier article, tandis que dans son article second elle a désigné le métayage proprement dit : « Les produits et les fruits se partagent « par moitié s'il n'y a stipulation ou usage contraire. » Le partage par moitié est la loi adoptée par tous dans le Craonnais : c'est donc dans ce sens restreint que nous employons parfois les mots de *colonat partiaire* comme synonyme de *métayage*.

Nous n'entendons pas par là que ce partage en deux parties égales frappe tous les produits de la métairie sans en excepter, non plus que tous les frais incombent par moitié au colon et au propriétaire. L'usage a partout sanctionné des dérogations multiples à la loi du partage par moitié, et il n'est guère de contrat, écrit ou verbal, qui n'apporte des modifications nouvelles à cette loi du partage[1]. Nous aurons à signaler les dérogations consacrées par l'usage, celles qui tendent à s'introduire dans la pratique du métayage, quelques-unes enfin, jugées utiles par certains auteurs de traités d'économie rurale, non pratiquées dans le Craonnais. Ce que nous entendons dire, c'est que la règle constante dans nos exploitations est le partage par moitié des principaux produits, tels que céréales, bestiaux, cidres, etc..., et la contribution en parts égales à la charge du métayer et du propriétaire aux achâts nécessaires, tels que semences, fourrages supplémentaires, engrais, etc..., et cela suffit pour que nous considérions la proportion indiquée comme la loi générale de notre contrat.

SECTION PREMIÈRE

PARTAGE DES BÉNÉFICES PAR MOITIÉ

La participation aux bénéfices dans le métayage s'effectue par le partage opéré par moitié entre le proprié-

[1] M. de Gasparin, *Le métayage*.

taire et le colon. Ce partage se réalise de deux façons, ou bien en argent pour les objets impartageables en nature destinés à être vendus, c'est l'hypothèse visée par l'article 84 du *Recueil de Segré*, et 69, 1°, de celui *de Château-Gontier* [1], ou bien en nature pour les objets partageables : telle est la règle. Elle est générale à l'égard des produits principaux qui ne sont pas propres à l'alimentation du bétail : tels sont les fruits à cidre et la plus grande partie des céréales. L'article 61, 1°, des *Usages de Château-Gontier*, formule le principe. Notons toutefois que la rédaction de l'article 75 des *Usages de Segré* est l'expression bien plus exacte de la pratique usuelle : « Tous les fruits naturels et industriels se par-« tagent par égale portion entre le propriétaire et le « colon, à l'exception de ceux qui doivent être consom-« més sur le lieu pour la nourriture des bestiaux ; et en « outre des rames des émondes, du lait, du beurre et « des œufs. »

« Les volailles de toute nature sont comprises dans ce « partage. »

« Les abeilles sont censées appartenir au colon par-« tiaire en totalité. »

« Le colon peut cultiver dans le jardin les légumes « nécessaires à son ménage ; le surplus rentre dans la « catégorie des produits communs. »

[1] Art. 69, 1° (Château-Gontier) : Le colon conduit à ses frais aux foires et marchés désignés par le propriétaire les bestiaux à vendre et il remet immédiatement à celui-ci et à son domicile la moitié du produit de la vente.

Les droits de péage aux foires et marchés sont supportés en commun.

Il est utile de s'arrêter sur les termes de cet article pour dégager la règle des exceptions qu'ils formulent d'ailleurs inexactement. Faisons d'abord remarquer que conformément au premier paragraphe de l'article 75 les rames des émondes [1], le lait, le beurre et les œufs échappent à la règle générale, au partage par moitié ; c'est dire qu'ils sont le profit exclusif du métayer. Sur ce point, nous devons signaler l'erreur du rapporteur à la Chambre des députés, M. Million, qui, mal renseigné, affirme à tort que, dans le Maine et l'Anjou, ces menus objets sont soumis au partage par moitié.

Le paragraphe 2 de l'article 75 est en désaccord avec l'immense majorité des conventions usuelles, écrites ou tacites. Les volailles sont soustraites au partage par moitié, et cela en raison des difficultés inextricables auxquelles la métayère se heurterait s'il lui fallait faire le dénombrement exact de son troupeau errant. Toutefois ce partage est suppléé en pratique par des redevances fixes portant en général sur un nombre d'animaux de basse-cour très inférieur à la moitié. Sur ce point, la pratique se trouvant en contradiction avec les usages rédigés, nous devons rappeler que l'usage non écrit, mais certain, prévaut contre les dispositions des codes ruraux à condition toutefois que la partie qui s'autorise d'un usage non écrit en prouve l'existence en même temps que le caractère mensonger de la disposition écrite. Disons en passant que ces dispositions sont de la compétence du Juge de paix dans les termes de

[1] Chênes dont la tige est coupée et dont les branches sont soumises à une coupe réglée.

la loi du 25 mai 1838, article 1 et article 3 modifié par la loi du 2 mai 1855.

L'article 75 permet de déduire de son texte une exception partielle au principe du partage en nature des céréales. Les mots : « A l'exception de ceux qui doivent « être consommés sur le lieu pour la nourriture des « bestiaux » font allusion à l'usage qui pourra être fait d'une partie de ces céréales pour l'engraissement du bétail : menus grains, orge et avoine. Il appartiendra au propriétaire en raison de son droit de direction de fixer la quantité de céréales qui devront être livrées à la consommation sur place par le bétail commun et par conséquent soustraites au partage.

Le dernier paragraphe des articles 61 (Château-Gontier) et le troisième de l'article 75 (Segré) rappellent une exception à notre règle : il n'est besoin d'aucun commentaire non plus que pour le 4° du même article 75 des *Usages ruraux de Segré*.

Bien que notre règle ne puisse être en principe discutée, nos usages locaux la formulent à plusieurs reprises à l'égard des produits de minime importance sur lesquels un doute pourrait s'élever ou qui donnent lieu en tout ou en partie à une disposition exceptionnelle. C'est ainsi que, nouvelle dérogation à la règle du partage, l'article 82, 3° (de Segré) accorde le bénéfice exclusif du petit cidre au fermier, à condition que l'agrément préalable du propriétaire ait été obtenu. Le deuxième paragraphe des articles 84 (de Segré) et 69 (de Château-Gontier [1]) contient une mention qui con-

[1] Art. 84, 2° (Segré) : Les droits de péage, aux foires et marchés sont supportés en commun.

firme la règle. Enfin les articles 87 (de Segré), et 72 (de Château-Gontier [1]) contiennent à la fois une application du principe et une des dérogations qu'il subit.

Avant de clore l'étude du partage des bénéfices, l'examen de la question suivante se pose : en cas de retard de l'une ou l'autre des parties à livrer sa part à laquelle son associé a droit, soit en nature, soit en argent, y a-t-il lieu à un recours en indemnité dans le premier cas, à une demande d'intérêt dans l'autre? Toute cette étude offre une analogie étroite avec le contrat de Société : on pourrait être tenté d'aller chercher la solution à cette question dans l'article 1846. Remarquons toutefois que l'article 1846 est dérogatoire au droit commun en ce qu'il fait courir les intérêts de plein droit à l'égard des seuls associés dans le sens le plus strict du mot et qu'en fait l'observance de ces principes juridiques rendrait bien difficile le fonctionnement de toute société et spécialement du métayage. Pas n'est besoin d'aborder l'étude du rôle économique de notre institution pour être convaincu de l'avantage que le métayer trouve dans un compte courant, théoriquement et pratiquement nécessaire entre propriétaire et métayer. Le fait existe déjà, bien qu'il ne soit pas énoncé dans nos usages et que cette dénomination ne soit point donnée aux temporisations et aux avances mutuelles

[1] Art. 72 (Château-Gontier) : Le colon peut disposer à son profit particulier, d'une quantité de pommes de terre ou d'autres racines fourragères, égale à celle que le propriétaire prend lui-même pour son usage particulier.

Mais alors que celui-ci n'en prendrait aucune portion, le colon peut toujours employer aux besoins de son ménage six hectolitres de ces racines.

de fonds le plus souvent de propriétaire à métayer.

La loi nouvelle, dans son article 11, paragraphe 1, en suppose l'existence par ces mots : « Chacune des parties « peut demander le règlement annuel de compte d'ex- « ploitation. » Ce qui nous invite à croire que cette pratique est inséparable du fonctionnement général du métayage.

Au contraire, l'article 1849 présentant un intérêt évident en face de notre contrat, son caractère exceptionnel, en raison de l'analogie de principe et de la liberté d'action que nous laisse le silence de la loi, ne saurait nous empêcher d'en étudier la disposition en notre matière et de reconnaître que lorsqu'un des associés, propriétaire ou métayer, a reçu sa part entière de la créance commune, et que le débiteur est depuis devenu insolvable, cet associé est tenu de rapporter à la masse commune ce qu'il a reçu, encore qu'il eût spécialement donné quittance pour sa part.

L'article 10 de la loi du 18 juillet 1889 accorde le privilège de l'article 2102 au propriétaire du fonds exploité à moitié pour le paiement du reliquat de compte à rendre par le métayer. Elle semble par *a contrario* refuser ce même privilège à ce dernier, ne prévoyant pas que le reliquat du compte à rendre puisse être à la charge du maître. Le législateur est parti d'une fausse analogie sur ce point entre le métayage et le fermage. Il a tout au moins commis là un fâcheux oubli, car, si comme il arrive souvent, les ventes sont opérées par le maître lui-même, c'est celui-ci qui devra rendre le compte et non le métayer, et il n'est point inconcevable qu'un propriétaire soit insolvable, d'où l'équité eût dû, ce semble, faire admettre au profit de chacune des parties un égal privilège sur la part des fruits et produits afférente à l'autre.

SECTION II

CONTRIBUTION POUR PARTS ÉGALES AUX CHARGES DE L'EXPLOITATION

Au titre des sociétés, le Code civil sépare rarement les deux idées de bénéfices et de pertes. Il entend par là établir un rapport sans lequel toute société manquerait de l'équilibre le plus élémentaire. Cet équilibre qui est à la fois la sanction de l'équité et la garantie contre les entreprises téméraires des associés agissant séparément est aussi une condition impérieuse du fonctionnement régulier du métayage. D'une part, et les auteurs ont surabondamment fait ressortir ce point qu'ils considèrent tous comme l'un des avantages du colonat partiaire, le métayer a besoin la plupart du temps de l'appui pécuniaire du propriétaire ; sans cet appoint matériel, le crédit ne lui ouvrant pas ses portes suffisamment larges, les retards forcés dans les achats seraient un obstacle au succès de l'exploitation. Donc il est nécessaire que le propriétaire participe aux frais et à toutes les avances de fonds au moins pour moitié. D'autre part, il est indispensable que le métayer contribue pour la moitié aux charges. L'intérêt personnel du métayer gravement engagé par sa contribution pour moitié au fonds de roulement est la meilleure sauvegarde de l'intérêt du propriétaire. « Cette solidarité « absolue des intérêts qui existe entre le propriétaire et « le métayer » est ce qui créé la supériorité de ce système d'amodiation sur l'exploitation directe par salariés non particitants. Comme l'a fait remarquer M. Albert Cazeneuve dans une étude récente sur « *les « entreprises agricoles et la participation du personnel aux « bénéfices* [1]. » En un mot, l'intérêt commun des deux parties n'étant autre que celui de la société elle-même, on peut en conclure que la participation égale aux charges doit être une règle, élastique sans doute, néanmoins essentielle du contrat.

Aucune disposition de la loi récente ne vise ce point : ce silence s'explique en ce que cet usage si respecté qu'il soit dans le Craonnais, souffre des modifications dans certains pays où métayage n'est point synonyme de colonat partiaire. Cette règle n'est point formulée dans nos Codes ruraux : ils se contentent d'en mentionner l'application sur quelques points de détail qui eussent pu susciter un doute en raison de la confusion possible entre les charges qui ne sont que la conséquence de l'apport du travail par le colon seul, et celles, qui, en raison de leur caractère pécuniaire, incombent à la société elle-même. Ainsi l'article 84 du *Recueil de Segré* après avoir rappelé dans son paragraphe premier que le colon doit conduire à ses frais les bestiaux au marché où les associés se proposent de les vendre, acte pure-

[1] *Les entreprises agricoles et la participation du personnel aux bénéfices*. Librairie Guillemain, 1889.

ment matériel, qui n'est évidemment qu'une des formes du travail, exprime clairement la différence que nous avons signalée en mettant les charges pécuniaires de l'entrée en foire au passif de la communauté : « Les « droits de péage aux foires et marchés, dit-il, sont sup« portés en commun » (article 69, 2°, du *Recueil de Châ« teau-Gontier.* »

Les engrais supplémentaires, tout comme les semences et les bestiaux étrangers à la production de la ferme et dont l'achat peut être nécessaire pour surélever les rendements ou même pour assurer dans l'avenir la production accoutumée, doivent être payés aux frais communs du propriétaire et du colon [1]. Tous ces objets forment au même titre le capital circulant, le fonds de roulement de l'exploitation. Les achats de cette nature doivent plutôt être considérés comme une charge de l'entreprise, alors que nous avons envisagé l'achat des mêmes objets la première année du contrat et de la mise en culture comme un apport proprement dit. Quoi qu'il en soit, ces obligations ne sauraient être mises à la charge exclusive de l'un des associés au bénéfice de l'autre, et nos textes sont assez affirmatifs pour laisser croire à la généralité de la règle.

En ce qui concerne les engrais commerciaux, il est difficilement soutenable, « qu'à moins d'une convention « expresse, le propriétaire doit supporter seul les frais

[1] Art. 86 (Segré) : « Les engrais étrangers sont payés par moitié « et voiturés par les attelages du lieu aux frais du colon qui va les « prendre aux lieux ordinaires de vente. » (Art. 71, Château-Gontier).

« des engrais étrangers à la ferme » comme l'a fait M. Méplain [1] partant de ce faux principe que le métayer ne fait d'autre apport que son travail. M. de Tourdonnet [2] qui écrit également pour le centre de la France admet notre règle : « l'acquisition des amendements et « engrais artificiels se fait au nom de la communauté et « dès lors des frais sont supportés en parts égales par « le propriétaire et le métayer. »

Juridiquement donc l'obligation aux charges de cette nature est égale pour les deux parties ; le métayer et le propriétaire doivent de même fournir chacun pour leur part les sommes nécessaires pour le maintien de l'exploitation sur un pied moyen, et de ce chef chaque partie aurait un recours contre celle qui opposerait un refus.

Cette règle de la contribution égale des parties au paiement des bestiaux, des engrais et des semences, suppose dans son application qu'un fonds de roulement en valeurs existe aux mains du colon et du propriétaire, en principe la constitution de ce capital circulant est une charge commune aux deux associés.

Là s'arrête l'obligation de droit. Là ne serait pas la mesure de ce que nous appellerons l'obligation économique à la charge du propriétaire, qui dans la limite qu'il appartient à lui seul de déterminer, devra être, le plus souvent au grand intérêt de l'entreprise agricole, le bailleur de fonds, en attendant, tout au moins, que le crédit agricole prenne forme, si tant est qu'il puisse

[1] Méplain, *op. cit.*, n° 191.
[2] M. de Tourdonnet, *op. cit.*

assurer aux colons partiaires les services qu'il est jusqu'à présent du devoir des propriétaires de rendre de bon cœur.

Si la contribution au paiement des engrais est égale, sauf conventions particulières, la fixation de la nature et de la qualité des engrais appartient au propriétaire en vertu de son droit de direction. La solution est identique en ce qui concerne le choix des semences. Cette fixation est-elle un ordre pour le métayer ? Si celui-ci jugeait excessive la quantité d'engrais fixée par le propriétaire, si l'entente ne s'établissait pas entre eux, quelle serait la juridiction compétente ? Le métayage serait impraticable si en fait l'esprit de conciliation des parties ne dictait toujours en pareil cas la plus avantageuse des solutions, aussi la jurisprudence ne peut elle nous aider à trancher en droit cette question.

Le législateur n'a pas davantage prévu cette sorte de difficultés. Ce ne sont pas celles que vise l'article 2 de la loi du 18 juillet 1889. L'article 3 de la loi du 25 mai 1838 modifié par la loi du 2 mai 1855 ne paraît pas s'appliquer non plus puisque il a trait exclusivement au paiement de loyers ou fermages, congé, demandes en résiliation de baux fondées sur le seul défaut de paiement des loyers ou fermages, expulsions de lieux ou demandes en validité de saisie-gagerie, etc.

Donc pas de texte spécial : nous restons sous l'empire des règles générales du droit sur la compétence, règles qui se trouvent dans l'article premier de la loi du 25 mai 1838 : Les Juges de paix sont compétents en dernier ressort jusqu'à 100 francs et à charge d'appel jusqu'à 200 francs.

Au-dessus de 200 francs, ou quand le montant du litige est indéterminé, il faut aller devant le Tribunal civil, juge de droit commun.

Pour établir la somme jusqu'à concurrence de laquelle l'autre partie devra concourir aux dépenses communes nécessitées par l'exploitation, chacun devra faire la preuve de sa prétention et démontrer que les dépenses ont été faites. Sans doute, pour les dépenses les plus importantes, on conçoit que les parties intéressées puissent fournir des pièces justificatives. Mais les transactions purement verbales sont le fait usuel; en tout cas, il ne saurait être question d'imposer aux colons et même aux propriétaires l'obligation de retirer lors de tout paiement une pièce ayant force probante. Le métayer n'est pas un comptable de deniers publics. Aussi la loi nouvelle permet au juge de prendre comme base de sa décision les livres des parties; il peut même admettre la preuve testimoniale, s'il le juge convenable.

Lorsque le principe des obligations, c'est-à-dire l'étendue du contrat ne donne lieu à aucune difficulté et qu'il s'agit seulement de statuer sur les différents articles du compte, c'est le Juge de paix qui est compétent, à charge d'appel à quelque somme que la demande puisse s'élever, et sans appel quand le litige ne dépasse pas sa compétence ordinaire en dernier ressort (article 11 de la loi du 18 juillet 1889).

Du reste, aucune réclamation ne peut plus être formée lorsque cinq années se sont écoulées depuis la sortie du colon (article 12 de la même loi).

CHAPITRE V

Dissolution du contrat du métayage

SECTION PREMIÈRE

CESSATION DU CONTRAT

1. — Le contrat de métayage finit à l'échéance du terme fixé. Deux pratiques fréquentes dans le Craonnais viennent atténuer la portée de cette règle : le plus souvent la convention est verbale et elle est passée sans fixation de terme.

De ce que la convention est purement verbale, il résulte que les parties ont entendu se reporter aux conditions réglées par l'usage sans y apporter de dérogation. De là ressort l'évidente utilité de nos recueils de lois rurales, principalement dans les dispositions relatives au métayage, les baux à ferme étant le plus souvent rédigés par écrit. Dans la différence de forme que la pratique a consacrée pour ces deux contrats, n'y a-t-il pas une bizarre anomalie à souligner ? Quiconque juge de loin ces deux contrats n'est-il pas en droit de se demander pourquoi le fermage, qui, dans son application se résume en deux actes simples : tradition de jouissance d'un fonds d'une part et de l'autre paiement annuel d'une somme fixe, nécessite en fait la rédaction de l'acte constitutif, tandis que le métayage, qui crée des rapports fréquents et minutieux, en apparence peut être vexatoires, entre les parties, aussi bien en ce qui concerne les besoins journaliers de l'exploitation que relativement au partage des intérêts, se constitue sur simple parole, fonctionne sans garantie exprimée, et, sans que même les parties contractantes aient songé apparemment à la durée des liens qui les enchaînent.

Cette apparente bizarrerie s'explique par nos observations antérieures. Nous avons montré par l'analyse même des différents éléments du contrat que les intérêts des parties sont joints et inséparables. Il suffit donc qu'ils soient bien compris, et, il est nécessaire de le dire même ici, la source vraie de cette intelligence droite de l'intérêt personnel est la confiance mutuelle que s'inspirent paysans et propriétaires. Ce double lien de sympathie et d'intérêt est autrement fort que toutes les précautions juridiques pour prémunir contre toutes les lésions qui pourraient frapper l'une des parties contre les indélicatesses de l'autre.

Et si nous constatons maintenant que les rares baux rédigés par écrit ne fixent pas de durée au contrat, nous convaincrons facilement les esprits les plus attachés aux idées reçues et au sens littéral des mots que jamais, ni propriétaire ni cultivateur n'ont assez mal compris leurs intérêts pour ne prétendre s'engager l'un envers l'autre que pour un an. Cette improbabilité devient évidence en face de l'impossibilité matérielle de dénouer au bout d'un an les liens qui naissent du métayage. Aussi voit-on couramment que les propriétaires qui contractent avec l'idée bien arrêtée de ne se lier à une famille d'agriculteurs que pour le temps nécessaire pour essayer ses aptitudes agricoles ne peuvent rompre la société qu'après un délai qui est rarement inférieur à trois ans.

Et d'ailleurs cette disposition d'esprit chez le propriétaire qui passe contrat de métayage est fort exceptionnelle, car elle est le plus souvent contraire à ses intérêts ; chez le métayer, elle ne se conçoit pas, car tout déplacement répété serait ruineux pour lui.

Ce sont là des considérations qui ne sont point restées étrangères au rapporteur de la loi à la Chambre des députés, qui rejette expressément l'extension des articles 1774 et 1775 à notre contrat. On ne peut donc dire en se conformant à l'esprit du législateur de 1889, que, quand il s'agit d'un contrat de métayage, « le bail des « héritages ruraux, quoique fait sans écrit, cesse de « plein droit à l'expiration du temps pour lequel il a été « fait selon l'article précédent » (article 1774). La disposition de l'article 1774 qui suppose des assolements périodiques se trouve d'ailleurs avoir perdu son intérêt en face de la culture intensive et des ensemencements successifs et non interrompus, devenus depuis longtemps, au moins dans le Craonnais, un fait acquis.

S'il nous fallait trouver au Code civil un texte qui pût nous guider, l'article 1844, au titre de la société, plus conforme dans son principe au fait, présente un plus grand intérêt dans son extension à notre contrat. C'est dans le sens de cette disposition, que les articles 1736 à 1738 cités par le rapporteur ne font que compléter sans la contredire, qu'il faut entendre le silence de la loi, et les termes de « tacite reconduction » contenus dans le rapport.

Traduisons donc, en les juxtaposant, ces dispositions prises tant au titre du louage qu'au titre du contrat de société et appliquons-les à notre contrat : S'il n'y a pas de convention sur la durée du métayage, il est censé contracté pour toute la vie du métayer. (Article 1844 du Code civil et article 6 de la loi du 18 juillet 1889 combinés) ; la dissolution du métayage par la volonté de l'une des parties ne s'applique qu'aux contrats dont la durée est illimitée (article 1869, 1°) et elle s'opère par le congé donné par une partie à l'autre en observant les délais fixés par l'usage des lieux. (Article 1736).

Enfin avec le rapporteur, nous admettons sans hésiter l'application des articles 1737 et 1738 en cas de métayage contracté pour une période déterminée : « Le « bail cesse de plein droit à l'expiration du terme fixé, « lorsqu'il a été fait par écrit, sans qu'il soit nécessaire « de donner congé (1737). » « Si à l'expiration des baux « écrits, le preneur reste et est laissé en possession, il « s'opère un nouveau bail dont l'effet est réglé par « l'article relatif aux locations faites sans écrit. » (1738).

Nos usages eux-mêmes autorisent cette extension en fixant des délais communs pour l'un et l'autre contrats dans l'article 2 du *Code rural de Segré* et dans l'article 1, 2° de celui de *Château-Gontier* au chapitre intitulé : « Des usages applicables indifféremment au « bail à prix d'argent et à la colonie partiaire. » On ne saurait donc méconnaître à la survivance du métayage après l'échéance du délai fixé dans le contrat le caractère de tacite reconduction dans le sens large que nous avons attribué à ces mots.

2. — Le métayage prendrait fin par l'interruption de l'un des apports qui le constituent. C'est l'application de la règle formulée par l'article 1184 pour tous les contrats.

De la part du métayer, l'impossibilité absolue, assez invraisemblable d'ailleurs, de fournir aucun travail par lui-même ou par les siens, ou la ruine complète, accident moins rare, seraient des causes de dissolution de la société. L'infirmité du métayer n'entraîne pas de plein droit la dissolution du contrat. Le contrat n'exige pas en effet que le métayer accomplisse par ses mains les travaux, il doit seulement en diriger l'exécution et en répondre devant le maître.

De la part du propriétaire, il sera interrompu par la perte totale du fonds, qu'elle provienne d'une éviction, d'une immersion ou d'une expropriation. La continuité de l'apport de l'héritage sera interrompue de la part du propriétaire qui l'aliène. Sans doute, il n'y aura que substitution de propriétaire, mais le changement de direction peut singulièrement léser l'exploitant, et la loi eût dû, ce nous semble, lui rendre sa liberté. Il nous eût paru préférable d'admettre la résiliation de droit en cas d'aliénation de la terre exploitée à moitié, sous réserve des délais d'usage.

La déconfiture ou l'interdiction de l'une des parties au métayage mettra-t-elle fin au contrat conformément à l'article 1865, 4°, du Code civil? Devons-nous en sens inverse trancher cette question en nous référant à la solution donnée en cas de mort de l'une des parties par l'article 6 de la loi du 18 juillet 1889?

Trancher la question par l'article 1865, 4°, serait notoirement aller contre l'esprit de la loi nouvelle; d'autre part nous devons tenir compte de l'analogie que présente la situation prévue par l'article 6 de la loi du 18 juillet 1889 et les cas d'interdiction ou de déconfiture de l'une des parties, sans toutefois en exagérer la portée.

Et d'abord, en ce qui concerne le propriétaire, si sa mort ne met pas fin au contrat, son interdiction ne saurait produire plus d'effet, quel que soit d'ailleurs le jugement qu'on porte économiquement sur cette différence des conditions que la loi fait au maître et au colon. Le tuteur donc qui pourrait donner à colonie partiaire un bien de l'interdit pourra continuer le bail antérieurement passé. La déconfiture ne saurait avoir plus d'effet par elle-même, mais par ses conséquences elle pourrait aboutir à la résiliation du contrat de colonat partiaire. En effet la liquidation du patrimoine du propriétaire peut le mettre dans l'impossibilité de remplir ses obligations vis à vis du colon, et dans ce cas ce dernier peut demander la résiliation pour cause d'inexécution des conditions.

La même solution doit être admise en cas de déconfiture du colon et exactement pour les mêmes motifs.

La seule difficulté se présente en cas d'interdiction du

métayer. Le contrat prend-il fin, ou bien le tuteur peut-il le continuer ? Tout le monde reconnaît que le contrat de métayage est passé *intuitu personæ* au moins en ce qui concerne le preneur à moitié. Cette considération, surtout si on l'étaye des réflexions fort justes contenues dans l'exposé des motifs sur l'article 6 de la loi du 18 juillet 1889, suffit largement à fixer notre opinion. Nous concluons que l'interdiction du colon ayant pour conséquence, non moins que sa mort, de l'arracher à ses fonctions dans la conduite de la métairie, produira, si telle est la volonté du maître, un effet analogue, la résiliation du bail.

3. — Le contrat de métayage finit par la mort du métayer, au contraire la mort du propriétaire ne le résout pas. Cette question complexe, objet de longues discussions, a été tranchée en ce sens par la loi du 18 juillet 1889, article 6.

Nous regrettons la solution donnée par la législation récente parce qu'elle consacre une inégalité non justifiée entre les contractants. Le propriétaire va pouvoir se dégager librement de toutes les charges du contrat qu'il a passé au risque de plonger dans la misère une famille plus pauvre que lui, qui, après avoir été frappée du deuil de son chef, ne va plus avoir le droit de vivre de son travail. Ici on pourrait reprocher à la loi d'encourager, par son appui peu moral, le propriétaire à satisfaire son égoïsme qu'il craindrait peut-être d'afficher s'il ne se sentait soutenu de l'autorité d'un texte.

En dehors de ces considérations d'équité, la disposition de l'article 6 est illogique. Les motifs de dissolution sont les mêmes que la mort frappe à la porte du propriétaire ou du métayer, du château ou de la métairie. Il n'est pas rare, nous l'avons fait remarquer que ce contrat de métayage soit passé *intuitu personæ* de part et d'autre. Le caractère industriel que l'on ne refuse plus guère aux entreprises agricoles, fonctionnant tant par métayage qu'autrement, affirme chaque jour davantage ce caractère du contrat. Le métayer à qui la légitime ambition du succès ne saurait être refusée, n'a pu raisonnablement s'engager à collaborer avec un inconnu, à recevoir une direction de qui peut-être sera le plus incapable de la donner et qui pourtant prétendra l'exercer avec d'autant plus d'acrimonie que son ignorance du métier est plus profonde.

Une solution autre nous eut donc paru préférable : dissolution du contrat par la mort de l'une quelconque des parties. C'eut été purement et simplement reconnaître une autorité absolue à la volonté tant de la partie subsistante que des héritiers du défunt, qui suivant les circonstances dont ils eussent été les seuls juges, eussent pu dans tous les cas rompre l'association ou en proroger la durée.

Nous devons pourtant constater avec une pleine satisfaction que l'intérêt pratique de cette solution légale est restreint : en fait la disparition du maître ou du métayer ne dénoue que bien rarement les liens qui unissent les deux familles, la confiance et l'affection apportent à la fois la consolation au foyer du défunt et la sauvegarde des intérêts des survivants.

4. —Le consentement mutuel des parties auquel la loi et les usages ne font aucune allusion, nous paraît devoir être réglé par les articles du chapitre des sociétés

qui traitent de cette même cause de dissolution. L'associé demandeur en dissolution d'un bail à terme fixe devra fournir les preuves exigées par l'article 1871. Nous pouvons ainsi traduire cet article en l'appliquant à notre matière. La dissolution du métayage à terme ne peut être demandée par l'une des parties avant le terme convenu, qu'autant qu'il y en a de justes motifs, comme lorsqu'une des parties manque à son engagement ou qu'une infirmité habituelle la rend inhabile aux affaires de l'exploitation, ou autres cas semblables dont la légitimité et la gravité sont laissés à l'arbitrage des juges.

Si le contrat est passé sans terme fixe, c'est-à-dire pour une durée illimitée la volonté de l'une des parties est souveraine et chacune d'elles peut sans avoir à donner de motifs imposer la dissolution du contrat en observant les délais d'usage et à cette condition imposée aux associés par l'article 1869 du Code civil « que cette « renonciation soit de bonne foi et non faite à contre « temps. »

SECTION II

LIQUIDATION SOCIALE

Le partage annuel des fruits et produits laisse intacts les apports communs qui sont l'objet de l'exploitation, en partie permanents, en partie renouvelables. Nous avons traité du partage des produits de la métairie en étudiant la participation de chacune des parties aux bénéfices de l'entreprise. La question dont nous abordons l'étude est très différente : maître et colon ont régulièrement procédé dans le cours de l'exploitation commune au partage par moitié des dépenses comme des revenus, et pour nous placer en face d'une situation nette, nous supposons qu'un règlement de compte est intervenu entre eux ; ils reconnaissent n'avoir à l'égard l'un de l'autre aucune obligation du chef des opérations sociales, mais ils se quittent ; pour l'une des raisons énumérées à la section précédente, les liens sociaux sont rompus, le métayer abandonne avec sa famille l'exploitation, la métairie. Quelles règles vont gouverner la liquidation de l'association ?

Elles se résument dans ces deux propositions : 1° chacune des parties va garder par devers elle ou remporter les objets qui lui sont propres ; 2° les objets communs vont être l'objet d'un partage.

1. — La liquidation suppose d'abord un prélèvement des apports personnels. L'énumération que nous en avons faite est la loi de ce prélèvement. Mais il importe surtout ici d'établir la distinction entre les apports propres au propriétaire et les apports personnels du métayer en raison de leur nature très différente. Si le métayage ne se conçoit pas davantage sans le travail qui constitue l'apport du métayer que sans la jouissance du fonds dont l'apport est le fait du maître, la nature de ce dernier apport répugnant à toute idée de déplacement matériel, le prélèvement du maître ne se produira que par la rétention des objets auxquels il a droit, tandis que l'apport du métayer, le travail et ses accessoires, peut et doit le suivre dans son déplacement. Cette considération nous dicte les solutions suivantes.

Le métayer doit laisser la métairie dans l'état où il l'a reçue et avec les améliorations de toute sorte qui ont été faites pendant la durée du bail. Il répond donc, dans les termes posés précédemment, de l'incendie des maisons et des dégradations ou pertes survenues pendant la jouissance.

Le métayer doit laisser non seulement les bâtiments en l'état où il les a reçus, mais encore les terres qu'il a exploitées. Et nos usages ruraux formulent en ces termes la responsabilité du colon sortant. Article 40 de l'arrondissement de Segré : « Le fermier ou colon est « présumé avoir reçu à son entrée le lieu en bon état « et avoir été indemnisé de toute malversation faite par « son prédécesseur. Il doit en conséquence rendre à sa « sortie le lieu en bon état, sauf ce qui aurait été cons- « taté contrairement à cette présomption. » Article 35 de l'arrondissement de Château-Gontier : « L'article 1731 « du Code civil établit la présomption que le lieu a été « reçu en bon état ; cependant l'usage est que le pro- « priétaire n'ait droit à aucuns dommages-intérêts pour « malversations s'il ne peut prouver par un état de lieu « qu'elles proviennent du fait ou de la négligence du « fermier ou colon. » Le premier de ces articles applique sans restrictions à notre hypothèse la règle de l'article 1731 touchant le principe de la responsabilité, sans excepter la présomption qu'il contient en vertu de laquelle la preuve incombe au métayer.

L'article 35 de Château-Gontier, sans nier le principe, renverse la présomption établie par l'article 1731 et met la preuve du bon état de lieu à l'entrée du colon à la charge du propriétaire. Cette contradiction entre les textes des deux arrondissements qui représentent l'ancien Craonnais, jointe à une certaine hésitation dans la pratique, permet de conclure que la solution est incertaine, tout au moins en ce qui concerne le métayage.

Nous n'hésitons pas à déclarer que si ces revendications tardives du propriétaire à l'exploitant s'expliquent dans le fermage, système d'amodiation qui suppose l'éloignement du propriétaire et permet de croire à son indifférence pour la tenue de la ferme tant qu'il touche un revenu régulier et que la situation ne menace pas de changer, au contraire elles sont une anomalie dans le métayage ; ce n'est pas assez dire, elles peuvent être une surprise condamnable de la part du maître qui après avoir toléré, pendant des années, un travail mal dirigé, ou mieux après avoir approuvé par son silence des négligences coupables, va au jour du départ réclamer en justice à un misérable colon, que sa paresse a d'avance ruiné, une indemnité qui souvent devrait être considérable pour être en rapport avec le dommage causé au sol par une mauvaise culture.

Il va sans dire que nous ne reconnaissons pas moins au propriétaire le droit à l'indemnité à l'égard du colon qui, sur le dire des experts, cesserait de satisfaire à son obligation de cultiver en bon père de famille, mettrait le maître en perte par sa négligence avérée ou par sa faute ou mieux encore par son quasi délit. Ce que nous voulons dire, c'est que si l'incurie du colon remonte à plusieurs années le droit de direction du maître n'ayant pas été exercé ou ayant été inefficace pour forcer le colon à cultiver avec plus de soin, et en face de l'inexécution de l'une des obligations engendrées par le contrat, la sanction extrême, la dissolution du contrat, n'étant point survenue à temps, il y a une sorte de présomption de renonciation à tout recours de la part du propriétaire résultant de son approbation tacite.

Le droit du propriétaire à l'indemnité ne fut-il point reconnu, le colon sortant pourrait être condamné sur estimation d'experts (montrée [1]) à payer une indemnité du chef de sa négligence au colon entrant qui, lui, peut être forcé à en faire la réhabilitation par son propre travail et à ses frais, sans en avoir en rien mérité les conséquences de cette responsabilité.

La contre-partie de la question précédente semble surtout avoir passionné les esprits en ces derniers temps, l'indemnité de plus-value au fermier sortant a provoqué des études nombreuses [2] et a été récemment l'objet de plusieurs projets de loi. Le problème se pose-t-il dans le métayage ?

Notre contrat a le mérite, sinon de le résoudre dans sa sphère propre d'application, du moins de lui enlever dans le fait tout intérêt véritable. Le métayage supposant tout au moins la juxtaposition fréquente, sinon constante, des deux parties au contrat, il est difficile qu'une amélioration foncière quelconque soit entreprise sans une entente préalable entre propriétaire et métayer, et il est impossible de croire que cette entente n'aboutira pas à établir dès avant l'entreprise la proportion dans laquelle chacune des parties devra contri-

[1] La pratique de ces montrées est assez fréquente dans le Craonnais.

[2] *Journal des Économistes*, mars 1890.

buer définitivement aux dépenses extraordinaires qu'occasionnera ce travail supplémentaire.

Nous devions signaler cette question, ne fût-ce que pour indiquer l'extrême simplicité avec laquelle le plus souvent le métayage la tranche en fait. C'était en même temps indiquer l'excellence de ce système d'amodiation en ce sens que, tant que la question d'indemnité pour plus-value à accorder aux fermiers ne sera pas tranchée, ceux-ci s'abstiendront de toute entreprise améliorante qui serait téméraire en face d'un résultat douteux, tandis que le métayer s'y livrera sans crainte, assuré dès le principe du concours de son maître.

Néanmoins la question d'indemnité peut se poser au profit du métayer. Quand le contrat dure jusqu'au terme fixé soit par le contrat, soit par l'intention certaine, quoique non écrite des parties, le métayer n'a rien à réclamer. Mais qu'une cause accidentelle met brusquement fin au contrat, le but avantageux en vue duquel des dépenses extraordinaires avaient été faites ne sera pas atteint par les deux parties qui y auront contribué : le propriétaire en profitera seul, et le métayer sortant prétendra à juste titre en être indemnisé. Ce sera lorsque la cessation du contrat arrive par la mort du métayer, en cas de vente du fonds, le bail étant écrit et ayant date certaine, si le propriétaire a réservé au profit de l'acquéreur le droit de résilier le bail, enfin quand la chose périt en partie et que le bailleur lui-même demande la résolution du contrat. Alors le métayer, ou dans le premier cas ses héritiers, en raison du profit sur lequel il était en droit de compter et qu'il aurait pu retirer de ses impenses extraordinaires pendant la durée de son bail, a droit à une indemnité dont il appartient au juge du fait de fixer le montant. (Articles 6 et 7 de la loi du 18 juillet 1889.)

Remarquons toutefois que l'article 7, 2°, n'accorde de recours au preneur que pour les impenses extraordinaires faites par lui sur le fonds. Nous croyons donc que des aménagements fonciers (constructions, défrichements, travaux d'irrigation) seraient seuls une base suffisante à une demande en indemnité de la part du métayer sortant en cours de bail. Au contraire les améliorations par amendements ou engrais, par le sarclage des mauvaises herbes, etc..., rentrant dans les devoirs d'un bon père de famille ne sauraient être considérées comme impenses extraordinaires et donner lieu à un recours [1]. La loi nouvelle a sur ce point innové [2] ; nous devons en interpréter strictement les termes, encouragé dans ce sens par la réserve du rapporteur de la loi. La situation actuelle du métayer est donc la suivante : en dehors de toute convention le colon exploitant sans bail ne peut dans aucun cas prétendre à une indemnité pour améliorations foncières. Si le colon a passé un bail par acte authentique ou ayant date certaine le droit à indemnité existe à son profit dans les trois cas mentionnés ci-dessus, parce que la « résiliation est inopinée et intempestive » et, ajoute le rapporteur,

[1] *Journal d'Agriculture,* n° du 26 avril 1890, p. 718.

[2] *Journal des Économistes,* mars 1890. L'indemnité de plus-value au premier sortant, Charles Parmentier.

notre article (article 7 de la loi du 18 juillet 1889 « rend applicables au cas de métayage ou de colonat partiaire les articles 1743, 1749, 1750 et 1751 du Code civil. »

Les instruments aratoires qui, nous l'avons constaté, sont un apport personnel du métayer, seront sans aucun doute prélevés par lui à la dissolution, sans qu'aucun retour soit dû au propriétaire en raison de sa contribution aux charges d'entretien et sans que le métayer puisse prétendre une indemnité pour l'usure. Il n'est pas moins vrai que les ustensiles perfectionnés payés par le propriétaire doivent rester sur la métairie et que l'enlèvement par le métayer serait qualifié et réglementé par l'article 2279, 2°. Les meubles du métayer sont enlevés par lui comme tous ses biens propres, sous réserve du privilège de l'article 2102 (article 10 de la loi du 18 juillet 1889).

2. — Le deuxième acte de la liquidation est le partage des choses communes. Tous les objets communs au propriétaire et au métayer doivent être partagés entre eux par moitié. Mais ce droit de partage égal entre les deux parties n'entraîne pas le droit d'enlèvement de leurs parts mutuelles.

Les racines fourragères sont en principe plantées et récoltées par le métayer qui doit les faire consommer. Les plantes livrées à la consommation, pour partie par le colon sortant, pour partie par le colon entrant, sont partagées entre eux d'après des règles variables ; le colon entrant doit en payer une part sur estimation d'experts. Rationnellement, cette obligation a pour assiette le profit qu'il retirera de plantes pour la culture desquelles il n'a point fourni son travail.

Cette répartition entre colon sortant et entrant dans une proportion égale à la consommation régulière trouve une application plus saisissable à l'égard des foins. A l'époque de la fenaison, chacun des deux colons opère séparément sur les prairies ; chacun récolte et engrange la part qu'il devra faire consommer.

Enfin sans pénétrer plus avant dans le détail technique de la liquidation, il faut signaler cet usage commun à nos deux arrondissements qui consiste dans l'arrière-levée ou arrière-récolte. Le colon sortant fait les ensemencements en grains dans les jours qui précèdent sa sortie[1] ou dans la semaine qui la suit. Il moissonne avec ses gens, et il partage la récolte avec son ancien maître : la paille reste en totalité à la métairie, au profit du propriétaire et du nouvel exploitant sans qu'aucune rétribution soit dûe par celui-ci en raison de l'avantage qu'il en retire sans avoir contribué aux travaux de la récolte. Le nouveau colon peut d'ailleurs au printemps semer dans les blés du colon sorti les graines qui à l'été doivent transformer les chaumes en prairies artificielles.

Cette dernière pratique de l'arrière-récolte offre aux principes que nous avons exposés quelques dérogations qui reposent sur une tradition constante difficile peut-être à justifier. Nous avons cru devoir l'indiquer surtout parce qu'elle fait traîner en longueur la liquidation sociale et qu'elle rend invraisemblable la théorie répandue, mais réfutée par nous, d'après laquelle le contrat de métayage passé sans fixation de termes serait fait

[1] 1er novembre.

pour un an ou même pour le temps qui est nécessaire strictement « afin que le premier recueille tous les fruits de l'héritage » d'après les termes de l'article 1774 du Code civil.

APPENDICE

Loi du 18 juillet 1889. (Livre Ier, titre IV, Code rural.)

Article premier. — Le bail à colonat partiaire ou métayage est le contrat par lequel le possesseur d'un héritage rural le remet pour un certain temps à un preneur qui s'engage à le cultiver sous la condition d'en partager les produits avec le bailleur.

Art. 2. — Les fruits et produits se partagent par moitié, s'il n'y a stipulation ou usage contraire.

Art. 3. — Le bailleur est tenu à la délivrance et à la garantie des objets compris au bail. Il doit faire aux bâtiments toutes les réparations qui peuvent devenir nécessaires. Toutefois les réparations locatives ou de menu entretien, qui ne sont occasionnées ni par vestuté, ni par force majeure, demeurent, à moins de stipulation ou d'usage contraire, à la charge du colon.

Art. 4. — Le preneur est tenu d'user de la chose louée en bon père de famille en suivant la destination qui lui a été donnée par le bail ; il est également tenu des obligations spécifiées pour le fermier par les articles 1730, 1731 et 1768 du Code civil.

Il répond de l'incendie, des dégradations et des pertes arrivées pendant la durée du bail, à moins qu'il ne prouve qu'il a veillé à la garde et à la conservation de la chose en bon père de famille.

Il doit se servir des bâtiments d'exploitation qui existent dans les héritages qui lui sont confiés, et résider dans ceux qui sont affectés à l'habitation.

Art. 5. — Le bailleur a la surveillance des travaux et la direction générale de l'exploitation, soit pour le mode de culture, soit pour l'achat et la vente des bestiaux. L'exercice de ce droit est déterminé, quant à son étendue, par la convention ou à défaut de convention, par l'usage des lieux.

Les droits de chasse et de pêche restent au propriétaire.

Art. 6. — La mort du bailleur de la métairie ne résout pas le bail à colonat.

Ce bail est résolu par la mort du preneur, la jouissance des héritiers cesse à l'époque consacrée par l'usage des lieux pour l'expiration des baux annuels.

Art. 7. — S'il a été convenu qu'en cas de vente l'acquéreur pourrait résilier, cette résiliation ne peut avoir lieu qu'à la charge par l'acquéreur de donner congé suivant l'usage des lieux.

Dans ce cas comme dans celui qui est prévu par le dernier paragraphe de l'article précédent, le colon a droit à une indemnité pour les impenses extraordinaires qu'il a faites jusqu'à concurrence du profit qu'il aurait pu en tirer pendant la durée de son bail : la résiliation en cas de vente est régie au surplus par les articles 1743, 1749, 1750 et 1751 du Code civil.

Art. 8. — Si pendant la durée du bail, les objets qui y sont compris sont détruits en totalité par cas fortuit, le bail est résilié de plein droit. S'ils ne sont détruits qu'en partie, le bailleur peut se refuser à faire les réparations et les dépenses nécessaires pour les remplacer ou les rétablir. Le preneur et le bailleur peuvent dans ce cas, suivant les circonstances, demander la résiliation.

Si la résiliation est prononcée à la requête du bailleur, le juge appréciera l'indemnité qui pourrait être due au preneur conformément au deuxième paragraphe de l'article 7 de la présente loi.

Art. 9. — Si, dans le cours de la jouissance du colon, la totalité ou une partie de la récolte est enlevée par cas fortuit, il n'a pas d'indemnité à réclamer du bailleur. Chacun d'eux supporte sa portion correspondante dans la perte commune.

Art. 10. — Le bailleur exerce le privilège de l'article 2102 du Code civil sur les meubles, effets, bestiaux et portions de récolte appartenant au colon, pour le paiement du reliquat du compte à rendre par celui-ci.

Art. 11. — Chacune des parties peut demander le règlement annuel du compte d'exploitation.

Le Juge de paix prononce sur les difficultés relatives aux articles du compte, lorsque les obligations résultant du contrat ne sont pas contestées, sans appel, lorsque l'objet de la contestation ne dépasse pas le taux de sa compétence générale en dernier ressort, et à charge d'appel à quelque somme qu'il puisse s'élever.

Le juge statue sur le vu des registres des parties ; il peut même admettre la preuve testimoniale, s'il le juge convenable.

ART. 12. — Toute action résultant du bail à colonat partiaire se prescrit par cinq ans, à partir de la sortie du colon.

ART. 13. — Les dispositions de la section première du titre de louage contenues dans l'article 1718 et dans les articles 1736 à 1741 inclusivement, et celles de la section III du même titre, contenues dans les articles 1766, 1777, 1778, sont applicables aux baux à colonat partiaire. Ces baux sont en outre régis, pour le surplus, par l'usage des lieux.

POSITIONS

POSITIONS PRISES DANS LA THÈSE

DROIT ROMAIN

I. — L'abandon de sa part indivise par l'un des copropriétaires ne constitue pas un droit d'accroissement au profit des autres.

II. — L'état de copropriété ne fait naître aucune obligation entre copropriétaires. Il provoque nécessairement en fait la formation de quasi-contrats qui seuls engendrent des obligations.

III. — Les dépenses utiles faites par un copropriétaire sans le consentement des autres donnent lieu à un recours en indemnité en tant que les actes accomplis constituent une gestion d'affaires.

IV. — La quasi-tradition faite ou reçue par un seul des copropriétaires du consentement de tous peut constituer sur ou au profit du fonds commun une servitude prédiale.

DROIT FRANÇAIS

I. — Aux XIe et XIIe siècles, les mots *arare ad medietatem* n'indiquent pas nécessairement la formation d'un contrat de métayage.

II. — Le métayage existe au XIVe siècle et se rapproche davantage du contrat moderne que le métayage pratiqué au XVIIIe siècle.

III. — L'apport des ustensiles aratoires incombe, en règle générale, au colon partiaire au même titre que l'obligation au travail. Cette solution offre des avantages économiques.

IV. — Le principe posé par l'article 1849 du Code civil en matière de societé est applicable au métayage.

V. — Le contrat de métayage ne constitue ni un louage ni une Société, d'après la loi du 18 juillet 1889.

POSITIONS PRISES EN DEHORS DE LA THÈSE

DROIT ROMAIN

I. — La femme absente ne pouvait se marier.

II. — L'obligation du fidéjusseur qui excède l'obligation principale est nulle.

III. — Les effets de l'interdit Salvien diffèrent de ceux de l'action Servienne.

IV. — La stipulation ne pouvait intervenir en vue de déterminer au mariage.

DROIT FRANÇAIS

I. — La prescription est un mode d'acquisition *Lege*, non une présomption de propriété.

II. — Le contrat par correspondance se forme par la remise de la lettre d'acceptation au destinataire.

III. — L'action en responsabilité contre l'architecte ou l'entrepreneur à raison des vices de construction est irrévocablement éteinte après le laps de dix années écoulées depuis la réception du travail.

IV. — Une obligation existant au profit d'une succession à laquelle sont appelés plusieurs héritiers a pu être éteinte pour partie avant partage par le paiement partiel fait à l'un des héritiers, alors même que cette créance a été mise en entier dans le lot d'un autre héritier. (Art. 883, 1220, 832 du Code civil.)

DROIT CONSTITUTIONNEL

I. — La question de la validation de toute élection devrait être de la compétence de l'autorité judiciaire.

II. — Le Sénat conserve le droit de voter la dissolution de la Chambre des Députés sur la demande du Président de la République, si un conflit se produit au sein de l'Assemblée nationale entre les deux Chambres.

DROIT CRIMINEL

I. — En cas de bigamie, les questions de validité de mariage sont préjudicielles au jugement de l'action publique, et de là compétence exclusive des tribunaux civils, sans distinction entre les nullités du premier et du second mariage.

II. — Le complice ne subit pas le contre-coup des circonstances aggravantes résultant de la qualité personnelle de l'auteur principal.

Vu par le Président de la thèse,

HENRY MICHEL.

Vu par le Doyen,

COLMET DE SANTERRE.

VU ET PERMIS D'IMPRIMER :

Le vice-recteur de l'Académie de Paris,

GRÉARD.

TABLE DES MATIÈRES

DROIT ROMAIN

Des droits du copropriétaire sur la chose commune pendant l'indivision

---

DROIT FRANÇAIS

Le métayage étudié dans son histoire et ses éléments juridiques d'après sa pratique dans le Craonnais

ERRATA

A la page 26, ligne 28, *au lieu de* (Loi 3, princ. D., *de peculio*, lib. XV, tit. Ier), *lire* (Loi 1, parag. 5, Ulpien, D., *Si pars hered. pet.*, lib. V, tit. IV.)

A la page 127, note 1, *au lieu de* M. Marcel Fournier, *Nouvelle revue historique de droit romain et français, L'Église et le droit romain au moyen âge*, Janvier 1890, *lire :* M. Marcel Fournier, *Nouvelle revue historique des droits français et étranger*, Janvier-février 1890 ; *L'Église et le droit romain au XIII*[e] *siècle, à propos de la Bulle super speculam qui interdit l'enseignement du droit romain à Paris*. L'auteur explique, etc.

Angers, imprimerie Lachèse et Dolbeau, rue Chaussée-Saint-Pierre, 4.

www.ingramcontent.com/pod-product-compliance
Ingram Content Group UK Ltd.
Pitfield, Milton Keynes, MK11 3LW, UK
UKHW020555230726
13926UKWH00005B/2027

9 782014 050226